近代領航人物

驚悚大導演

希區考克

陳佩萱 著

三民書局

打開每個人心中的「想像盒」

七十多年前，法國著名作家「安東尼‧聖修伯里」寫過一本廣受歡迎並流傳至今的童話——《小王子》。書中那個好奇又好問的小男孩來自外星球，他純淨的心靈和真摯的感情，一直陪伴著我們地球上一代又一代人的成長。

作家聖修伯里曾經為小王子畫過一個可以讓綿羊居住的盒子。而作家自己也擁有一個珍寶盒，裡面收藏著老照片、舊信件和許多小玩意兒，他常常去翻弄這個盒子，想從中尋找創作的泉源。

三民書局的出版團隊也有這麼一個盛滿「想像」的大盒子，裡面匯集了編輯們經年累月的經驗、心得，以及來自作者、插畫家等的好主意和新點子。多年來，這個團隊不斷為小讀者們出版優秀的人物傳記、勵志叢書等。董事長劉振強先生認為這是出版人的使命，一個好傳統一定要延續下去，讓小讀者永遠有好書可讀，而且每一套書都要精益求精，各具特色。

因此，當我們開始構思下一套新書的方向，如何能夠既延續傳統，又能注入不同的角度和活力，呈現出一番新的面貌，便成為我們的首要考量。

編輯團隊圍坐在一起，慎重的打開我們的「想像盒」，希望從盒裡累積的智慧中汲取靈感。盒內的珍寶攤滿了桌面，眼前立即出現許多引導性的話語，大家一面仔細挑選，一面漸漸理出一個脈絡。

「書寫近代人物，更貼近小讀者的心靈。」

「介紹西方人物，增強小讀者對全球人物的興趣。」

「撰寫某個行業或某個領域中最有代表性的人物，他們的成就

對後世有重大影響，對小讀者有正面啟發作用。」

「多用說故事的方式寫作，以增加趣味性。」

「想像盒」就這樣奇妙的為我們搭起了一個框架，編輯團隊在這個架構中找到了方向，大家興奮的為新叢書定名為「近代領航人物」系列，並決定先從介紹西方人物入手。

框架既已穩固，該添進內容了。如何選取符合條件的撰寫對象，是編輯團隊的再次挑戰。我們又打開了「想像盒」……

「叮」的一聲，盒內跳出一個 "THINK" 的牌子，大家眼前一亮，「那不是 IBM 公司創始人湯姆士‧華生的座右銘嗎？意思是要我們海闊天空的去想像，才能產生創意啊！」於是，話匣子打開了。

有人說：「我們每個人手裡都拿著手機，不需要長長的電話線連接，就能無遠弗屆的與人聯繫，但對有『無線電之父——馬可尼』之稱的這個聰明人，我們知道的並不多。」

有人說：「啊！有了，我們何不請最喜歡開飛機的聖修伯里帶大家到義大利去拜訪馬可尼呢？」

有人說：「馬可尼不是已經拍來電報，為我們安排好去巴黎看可可‧香奈兒的時裝展示會了嗎？還要去倫敦聽約翰‧藍儂的搖滾音樂演唱會哩！」

有人說：「我對時裝展示會沒有太大興趣，但是既然去了巴黎，我倒是很想去看看大文豪雨果筆下的聖母院，也許會碰見那個神祕的鐘樓怪人！」

有人說：「我希望去倫敦時，能走訪唐寧街十號，一睹英國第一位女首相，鐵娘子柴契爾夫人的丰采。」她輕輕咳嗽了一聲，接著說：「我的肺炎剛痊癒，是用了抗生素才治好的。聽說抗生素是英國

細菌學家弗萊明發現的，我也想順便彎去他在倫敦的實驗室參觀一下。」

　　有人附議：「那太好了，我可以在路邊書報攤買本英國大經濟學家凱因斯主編的《經濟期刊》來一讀。」

　　有人舉起手來，激動的說：「我原是個害羞沉默的人，自從去上了卡內基的人際關係課程後，才學到怎麼樣表達自己。我想說出我的心願，那就是去美國華盛頓的林肯紀念碑前，聆聽人權鬥士馬丁・路德・金恩博士精彩動人的演講〈我有一個夢想〉。再去附近的國會山莊，參加約翰・甘迺迪的就職典禮，聽他充滿領袖魅力的經典名言，『不要問國家能為你做些什麼，要問你能為國家做些什麼。』」

　　有人跟著說：「我是環保和人道主義的支持者。既然我們到了美國，我想去緬因州，到環保使者瑞秋・卡森收集海洋生物標本的海邊去走一走。也想去紐約的聯合國兒童基金會總部拜訪兒童親善大使奧黛麗・赫本。這兩位心靈和外表都美麗的女士，一直是我最崇敬的偶像。」

　　看到大家點頭同意，他急忙追加：「啊，如果還能去洋基球場觀看棒球巨星貝比・魯斯在球場啟用那天轟出的第一支全壘打，那我就太滿足了……」

　　編輯們彼此會心一笑，這是討論時常有的現象，抱著「想像盒」，天南地北，穿越時空。我們總嘗試以開放的思路，為「傳記」類型的叢書增添更多的新意。

　　這時一陣歡笑聲響起，原來是美國物理學家費曼為慶祝自己得到諾貝爾獎而開的派對。賓客中有許多知名之士，第一位登陸月球的太空人阿姆斯壯也在其中。聽說費曼正在調查挑戰者號太空梭故

障的原因，阿姆斯壯是他最好的太空顧問！費曼是位科學家，但他興趣廣泛，音樂、舞蹈樣樣精通。只見他隨著熱情洋溢的森巴舞曲，一面打著鼓，一面與現代舞創始人瑪莎・格蘭姆翩然起舞。

「別鬧了！費曼先生。」門口走進一位胖嘟嘟，面無表情的老頭，把大家嚇了一大跳！只見他拿起手上的擴音器說了一聲「卡」，啊啊，難道他就是那位驚悚片大導演希區考克？

他嚴肅的接著說：「受世人景仰的南非自由鬥士曼德拉先生剛剛辭世。請大家起立致敬。」

我們這趟「穿越之旅」中的二十位人物即將登場，希望他們的領航故事也能開啟小讀者心中的「想像盒」，將來或可成為另一個新領域中的領航人，傳承發揚人類的智慧和文明。

在此特別感謝為小讀者說故事的作者們，除了正文之外，他們都特別增寫了一篇數百字的「後記」，提綱挈領的道出各撰寫人物對世界的影響，提供小讀者更明確的閱讀指標。同樣也感謝繪製精彩畫面的插畫家們，為使圖文搭配相得益彰，不惜數易其稿。對編輯團隊能讓叢書順利的如期出版，我心存感激。對充滿使命感、長期為小讀者做出貢獻的三民書局，我致上最高的敬意。

對您，選擇讀這套叢書，我誠懇的說聲「謝謝」。有您的支持，讓我們有信心為小讀者打造更多優良讀物。

張燕風　2013 年歲末寫於臺北

下一位尖叫的人是——我！

這句話是從 1963 年希區考克所執導的《鳥》的廣告詞改編的，原文是：“The next scream you hear could be your own.” 字面翻譯是「下一位尖叫的人可能就是你自己」，延伸的意思是「大自然的反撲，我們誰都無法倖免」。

但筆者在寫《希區考克》時，常處於「下一位尖叫的人是——我」的狀態中。除了為了更了解希區考克，常被他執導的電影嚇得驚聲尖叫外，更因不知該如何下筆介紹他，而煩得放聲尖叫。

當初，筆者在收到出版社寄來的「近代領航人物」系列撰寫意願調查表時，壓根兒沒想過要寫希區考克，因為筆者雖然喜歡看緊張刺激的動作片，卻對變態殺人這類的恐怖片敬謝不敏。

誰知在下筆填寫調查表時，筆者突然想到，既然已經寫過以文藝愛情為主的《琵琶記》，還寫過以兵法鬥智的《薛仁貴征東》，何不嘗試來點驚悚的？這才將希區考克列入我撰寫意願的名單中。

當編輯告知確定由筆者來撰寫希區考克時，筆者還挺開心的，因為信手拈來，希區考克相關的資料就一大堆。

如：打開電視，就可以看到有個裝潢 DIY 的廣告改編自希區考克《驚魂記》裡的經典橋段，將原本驚悚恐怖的「浴室殺人」場景，反轉成家人同心協力的溫馨畫面。

又如：好幾年前，蔡康永擔任金馬獎頒獎典禮主持人，在走星光大道時，

將鳥籠套在頭上；在主持頒獎典禮時，肩膀上放了一隻大烏鴉飾品，這樣「人鳥相隨」的造型概念，就是來自希區考克。

再如：2013 年 4 月上映的電影《驚悚大師：希區考克》，它的創作題材就是取自希區考克執導《驚魂記》時的拍攝過程。

其他如：希區考克是個喜歡用電影嚇人的導演，也是第一個擠下演員成為電影海報主角的導演，更因喜歡在自己執導的電影裡跑龍套，所以成了全世界最紅的臨時演員。

他所拍的電影具有他獨特的個人風格，因而創造出一個專有名詞 "Hitchcockian"。

但筆者所搜集的資料越多、看希區考克執導的電影越多，就越笑不出來。因為筆者一開始覺得，希區考克輝煌的成就都是在電影上，當然得好好介紹他執導的電影。

但，筆者看了之後，發現他的電影大都是限制級或輔導級，劇情不怎麼適合介紹給小讀者看。本想改成介紹希區考克的拍片技巧，但寫著寫著，卻像本嚴肅專業的電影書，與筆者想傳達給讀者的理念不合，故又作罷。

所有的希區考克資料在筆者的腦袋裡轉呀轉，轉得筆者頭昏眼花，常煩得放聲尖叫。

幸虧轉了三個多月後，筆者終於想出該如何下筆，該如何介紹，才能寫出有點驚悚、勵志、詼諧、有趣的《希區考克》。

現在，筆者又要放聲尖叫了，不過這一次是開心的尖叫，因為

筆者終於將《希區考克》寫完了。

　啊——太好了！

　啊——哈哈哈哈哈……

陳佩萱

　　住在風光明媚、空氣新鮮又多雨的宜蘭，畢業於臺東大學兒童文學研究所。曾獲柔蘭文學獎、兩屆文建會兒歌一百、三屆臺灣省兒童文學獎及其他大大小小獎項。

　　雖然是國小教師，卻跟大部分的小朋友一樣喜歡吃喝玩樂，跟少部分的小朋友一樣喜歡看書寫作，跟更少部分的小朋友一樣喜歡得獎，收集各式各樣漂亮的獎狀讓自己快樂。著作有《天文巨星：張衡》、《鐵路巨擘：詹天佑》、《本草藥王：李時珍》、《黑雪公主》、《醜狼杜美力》、《胖鶴丹丹出奇招》、《誰是模範生？》等。

驚悚大導演
希區考克

CONTENT

希區考克

1899～1980

Alfred Hitchcock

01

幕　起

　　鄔小雅樂透了！

　　因為上班第一天，她就被指派去採訪某影展的開幕典禮，想到可以趁機見到許多仰慕已久的大明星，她就笑得嘴巴快裂了。

　　「小烏鴉，快一點！」

　　「喔，來了！」

　　鄔小雅趕緊跑到叫喚她的名記者巫大涯身邊，並不忘糾正他說：「巫大哥，我叫鄔小雅，不是叫小烏鴉啦！」

　　巫大涯邊打量她邊開玩笑說：「妳個兒小小、皮膚黑黑，叫小烏鴉比叫鄔小雅更適合喔！」

　　鄔小雅也邊打量他邊俏皮的說：「巫大哥，你個兒高高、皮膚黑黑，叫大烏鴉比叫巫大涯更適

合喔！」

　　巫大涯聽了不但不生氣，還哈哈大笑說：「沒錯，我的綽號就叫『大烏鴉』，因此，經理才會要我帶妳這隻『小烏鴉』去採訪，讓妳見習見習。」

　　幸好有巫大涯這個前輩帶領，要不然只是菜鳥記者的鄔小雅，哪有可能去採訪大型影展的開幕典禮。

　　因此，鄔小雅立刻拍著胸脯保證說：「巫大哥，我這隻『小烏鴉』一定會好好跟你這隻『大烏鴉』學習，做一個很棒的記者。」

　　「那就出發吧！」

　　到了影展現場，巫大涯和鄔小雅出示採訪證，工作人員立刻將他們帶到前方的採訪區等候。

　　鄔小雅回頭看到紅毯兩旁人山人海，擠滿了想一睹明星丰采的影迷們，慶幸的說：「幸好我是記者，才能和喜歡的明星這麼近距離的接觸。」

　　「小烏鴉，別忘了妳是來工作，不是來看明

星的。」

「是，我會好好牢記，大鳥——呀？」

鄔小雅原本是開玩笑叫巫大涯的綽號，沒想到一轉身，卻真的看到一隻隻大烏鴉，令她頓時瞪大眼睛驚叫出聲。

巫大涯順著她的目光望去，不禁搖搖頭笑著說：「唉，真是少見多怪啊！」

鄔小雅定下心來仔細端詳，才發現那不是真的烏鴉，只是像鳥類標本的飾品。不過，她並沒有覺得鬆了一口氣，因為這些像烏鴉標本的飾品，分別出現在陸續到達的大明星們的手上、肩上、頭上，甚至還有個天王巨星將鳥籠套在頭上，讓她詫異得差點暈倒。

這些明星們的造型怎麼一個比一個還怪異，看得鄔小雅一頭霧

水，搞不清楚現在是什麼狀況，趕緊小聲問：「巫大哥，我們不是來採訪影展的開幕典禮嗎？怎麼變成來參觀『搞怪大會』啊？」

「哪裡搞怪了？」看到鄔小雅指著大明星的造型，巫大涯笑著解釋說：「他們是模仿希區考克在宣傳《鳥》這部電影時的造型，來向這位有『緊張大師』、『恐怖大師』、『驚悚大師』之稱的導演致敬。」

「希區考克——他是誰啊？為什麼有這麼多大師的稱號？」

這下換巫大涯瞪大眼。「不會吧！妳要來採訪紀念希區考克的影展，竟然不知道希區考克是誰？小烏鴉，妳太不敬業了吧！」

鄔小雅尷尬的笑了笑，抬頭望向會場入口，果然看到海報上斗大的字寫著「向大師致敬～希區考克驚悚影展」。

「巫大哥，對不起啦！我第一天上班，到了公司才知道要來這裡採訪，因此來不及做功課。」

　　巫大涯簡單介紹說：「希區考克是個喜歡用電影嚇人的導演，也是第一個擠下演員成為電影海報主角的導演，他受歡迎的程度由此可知。他所拍的電影具有他獨特的個人風格，因而創造出一個專有名詞 "Hitchcockian"。他一生一共拍了五十多部影片，雖然都已經是幾十年前的影片，有的甚至還是黑白片，但其中的《驚魂記》、《迷魂記》、《後窗》、《北西北》，卻仍能入選美國電影學會所評選的『AFI 百年百大電影』，其中《迷魂記》還名列影史懸疑片第一名。」

　　「希區考克這麼厲害？」鄔小雅沒想到拍恐怖片的導演能有這麼非凡的成就。

　　巫大涯掏出剛剛工作人員所發的介紹希區考克影展的小冊子，遞給鄔小雅說：「小烏鴉，趁著這次影展，妳好好認識這位有『電影院代名詞』之稱的希區考克吧！」

　　鄔小雅點點頭，趕緊翻開手上的小冊子，迫不及待的看下去……

兒時的恐怖經歷

1899 年 8 月 13 日，致力於拍攝懸疑驚悚片而享譽國際，嚇得許多觀眾在電影院裡顫抖不已，卻仍對他讚譽有加的亞弗烈·希區考克，在英國倫敦誕生了。

希區考克是家中第三個孩子，比哥哥姐姐的年紀小很多。

他出生時，哥哥姐姐已經上學了；他上學時，哥哥姐姐已經出外工作了。而從事蔬果買賣生意的父母又沒空陪他，在沒有玩伴之下，他常常一個人靜靜的玩，發明屬於自己的遊戲。

久而久之，這樣的生活養成了希區考克愛獨來獨往、喜歡靜靜旁觀的個性，就算是參與家族聚會，他仍是一言不發的坐在角落，默默注視觀

察所有的人、所有的事情，卻不喜歡親身參與。

在希區考克六歲時，一個星期天晚上，他照往常的作息時間上床睡覺。

可是，當他尿急醒來，卻只見一片黑暗籠罩著他。他揉揉眼睛，疑惑的想著：「太陽公公還沒起床嗎？」

太陽公公賴床了喔！

他也很想跟著賴床，可是他不能，因為他急著上廁所。

但房裡實在太黑了，他什麼都看不見，害怕的喊：「媽咪！」

像小貓一樣的叫聲，沒人理會。

他害怕的再喊大聲點：「媽咪！爹地！」

還是沒人理。

他不知道爹地媽咪為什麼不見了，更不知道有什麼可怕的東西躲在黑暗中，因此驚恐的瞪大眼睛四處張

望，卻一動也不敢動。

直到尿意快憋不住了，他才渾身顫抖的爬起來，腳步搖晃的邊在黑暗中摸索，邊可憐兮兮的哭喊著：「媽咪……爹地……」

怎知白天幾步路就可以到達的廁所，在黑夜裡竟然要找尋好久，令他更加焦慮害怕。

好不容易找到廁所，解決尿急問題後，他在空蕩蕩又幽暗的房子裡四處走動找尋，邊哭邊叫喚著：「爹地！媽咪！你們在哪裡？」

他依然沒得到任何回應，只有如喵嗚般哽咽的叫喚聲在靜靜的夜裡迴盪，增添了驚悚氛圍，令他更加無助、更加恐懼。

忽然，他被地上某個東西絆倒了。

倒地的撞擊力，加上受到驚嚇的心靈、累積的不安感，讓他終於忍不住嚎啕大哭。

但在他哭到上氣不接下氣時，爹地和媽咪還是沒出現。

徬徨無助的他，搞不懂他只是像往常那樣上

床睡覺，為什麼一覺醒來天沒有亮？為什麼最疼他的爹地和媽咪會消失不見了？為什麼他們把他遺忘在恐怖的黑暗中？為什麼會發生這些事呢？

沒有人來告訴他為什麼，他自己也想不出為什麼，只覺得哭得好累，哭得口好渴想喝水，便忍痛爬起來，下意識往廚房摸索前進。

他走到廚房時，發現餐桌上有一片晚餐剩下的豬排。

不知道接下來該怎麼辦的他，在餐桌旁坐了下來，邊擦眼淚邊吃著已經冷掉的豬排，肚子裡有食物後，恐懼的心情才稍稍平復下來。

這時，門鎖轉動的聲音在寂靜的夜裡響起，令他心頭一顫。

接著，腳步聲伴隨著他驚慌的心跳節奏，叩叩叩，砰砰砰，叩叩叩，砰砰砰，越來越接近，越來越接近——他嚇得張大嘴巴想大聲呼救，卻發不出一點聲音來。

當叩叩叩的腳步聲在廚房門口戛然停住，整

個屋子頓時陷入一片死寂，更嚇得希區考克一口氣快喘不過來。

忽然，燈亮了，爹地詫異的聲音劃破這片死寂：「亞弗烈？你怎麼會在這裡？」

媽咪也詫異的問：「你不是睡著了嗎？怎麼起來了呢？」

爹地幽默的說：「還像隻小老鼠在廚房裡偷吃肉呢！」

看到站在廚房門口的，是他找遍屋子也沒找到的爹地和媽咪，他緊繃的心情一鬆，滿腹委屈化為「哇」一聲大哭了出來。

媽咪趕緊把他摟在懷裡，拍著他的背安撫的說：「傻孩子，爹地和媽咪只是到附近的海德公園散步而已，沒有走遠啦！」

希區考克雖然聽明白事情原委，卻還是哭得撕心裂肺。

這次的經歷讓希區考克再也不敢在黑暗中獨處，因為他害怕再次經歷如此恐懼無措的感覺。

　　等他長大成為導演，他把這種恐懼無措的感覺拍成一部部電影，嚇嚇全世界喜歡看驚悚片的觀眾。

　　日後當他心情不好或是感到害怕時，總是去吃東西，用食物來對抗壞心情，因為他難以忘懷，那塊陪著他對抗黑暗恐懼的豬排滋味。

03

最受矚目的臨時演員

　　希區考克的父母信奉羅馬天主教，每逢週日一定會帶著孩子一起到教堂望彌撒。不過，他們不是到住家附近的教堂，而是搭好幾哩路的車子，大老遠的跑到希區考克母親娘家的聖方濟教堂。

　　有一次，希區考克忍不住問：「媽咪，我們為什麼不跟鄰居一樣，在附近的教堂望彌撒就好？」

　　「因為爹地和媽咪覺得，只有媽咪從小上的教堂和指引媽咪心靈成長的神父，才能引導你性靈方面的需求。」

　　雖然希區考克聽得不是很懂，卻不再問了，因為他的注意力已經被另一件事情所吸引了。

　　吸引他的，不是聖方濟教堂那布滿浪漫派風

格的聖方濟雕像和繪畫，而是望彌撒的儀式。整個望彌撒儀式令他大開眼界，一心巴望能在如此莊嚴的儀式中參上一腳。

有一天，他終於鼓起勇氣，滿懷期盼的跟大彌撒的主祭說：「可不可以讓我擔任你的助手？」

主祭看他一向安靜乖巧，加上圓滾滾的眼睛、胖嘟嘟的身形挺可愛的，便答應說：「好吧！就讓你試試看。」

終於如願以償的希區考克，開心得不得了，為自己即將成為眾人矚目的焦點而興奮不已。

可惜，事與願違。

只想到上臺風光的希區考克，壓根兒沒想過自己會不會望彌撒的儀式程序。彌撒儀式才剛開始，他就傻住了，心中暗叫聲：「糟了！」

因為，他根本就不知道要如何和主持彌撒的神父做應答。

沒多久，神父便發現了他的窘況，趕緊機靈的化解這份尷尬，才使得整個儀式順利完成。事

後，希區考克當然被神父訓誡了一番。

這次的經驗讓希區考克明白，要在一場演出中，擔任發光發熱的主角，是件多麼不容易的事啊！可是，他又不願就此放棄受人矚目的演出機會，因為那種成為眾人關注焦點的感覺真的很棒。

那該怎麼做，才能兩全其美呢？

他早也想，晚也想，想了好幾天，終於讓他想到一個好方法。

「我就擔任一個不重要的小角色好了！不用背臺詞，不必背走位，還能上臺露臉，讓大家注意到我。」

長大後，希區考克雖然沒有當演員，但當了導演的他，還是喜歡鏡頭對著自己聚焦的感覺。

為了滿足自己在影片中露臉的欲望，他常在自己執導的影片中當個不必背臺詞的臨時演員。如：演出《火車怪客》裡提著大提琴上火車的乘

客，或是在《鳥》中牽著兩條小狗走出鳥店的顧客。甚至是不用真人現身，只用照片在片中軋一角，他也軋得很開心，如在《救生筏》中，他的照片就成為刊載在報紙減肥廣告中的主角。由此可知，無論在電影中擔任多麼不起眼的小角色，他都演得不亦樂乎。

後來，因為希區考克太常在自己執導的影片中跑龍套，使得觀眾在觀看他的影片時，都習慣睜大眼睛注意他在哪個畫面出現，又嘗試了什麼樣的角色。

如果能眼尖看到他驚鴻一瞥的身影出現在銀光幕上時，影迷們就會驚喜的和身旁的親朋好友分享：「你看！希區考克在那裡！」

因此，在自己執導的影片裡當臨時演員，不但滿足了希區考克的表演欲，還達到自我宣傳的效果，更在他的電影中建立了獨特的標記。

希區考克這種舉世都欣賞的幽默演出，影響了許多後進的導演，如享譽國際的李安、吳宇森

和昆汀・塔倫提諾等導演，他們有時也會學學希區考克，在自己執導的電影裡跑跑龍套，演個路人甲、路人乙，除了過過戲癮外，並試試觀眾的眼力，看會不會被認出來。

　　總而言之，從 1925 年最早的《歡樂園》開始，到 1976 年最後的《大巧局》，希區考克共執導拍攝了五十多部電影，其中他客串演出了三十多部，是最受世人矚目的臨時演員。

美好的童年回憶

　　從小沒有玩伴並沒有帶給希區考克多大的困擾，因為他很懂得自得其樂。

　　他常常一個人靜靜的閱讀，尤其和旅遊有關的書籍他特別喜愛，因為他嚮往有朝一日能夠浪跡天涯。因此，在他發明的遊戲中，他最喜歡的是研究世界地圖和航運時刻表。

　　他還在家裡的大牆壁上製作大幅圖表，標明每一艘在海上航行的英國船隻的位置，想像自己乘著船走訪世界各地的情景。

　　年紀還小的他，世界各地只能在夢裡遊，但倫敦的各個角落，他卻能真的腳踏實地去造訪。

　　雙腳走得到的地方，他就用雙腳慢慢走；雙腳走不到的地方，他就騎自行車去；自行車到不

　　了的地方，他就趁著和爹地一起送貨給顧客時，搭著爹地的馬車去，一點也不覺得辛苦。

　　因此，還不到八歲，希區考克就已經陪著父親到過倫敦各個地方去送貨，還搭過倫敦每一條路線的纜車，並曾乘坐汽船到葛拉夫森的泰晤士河口去開開眼界。

　　其實在希區考克小的時候，汽車已漸漸普及，常常可以看到它們在倫敦街上跑來跑去。相形之下，馬車就顯得落伍、笨重又危險。不過，希區考克卻覺得馬車非常迷人。

　　他會喜歡馬車，是因為他喜歡父子倆替馬車裝好貨，爬上車外出送貨的那份感覺，好像父子

倆要整裝外出，一起到未知的地方探險一樣，那是他童年時的美好回憶。因此，他當上導演後，縱然影片的時空背景已經沒有馬車在街上跑，他還是喜歡讓馬車串場一下，好將這份童年回憶記錄在他的電影裡。

希區考克不喜歡運動，那時候小朋友們喜歡玩的板球、足球和長曲棍球，他一項也不愛。但，他非常喜歡上戲院看舞臺劇，或到音樂廳看唱歌、跳舞、魔術、雜耍等各種表演。

希區考克一家人篤信天主教，無論是小時候在教會學校讀書，或是成長過程中，都充滿了許多的限制和規定。縱然教義、校規訓勉他們生活要嚴謹，不可常出入公共娛樂場所，但希區考克一家人也像一般勞工階級一樣，希望下班後能到戲院看看戲，或到音樂廳觀賞各種表演，好在輕鬆嬉鬧的氣氛中，忘掉一天的疲勞和生活的沉悶。

年幼的希區考克原本只是跟著爹地、媽咪去

看熱鬧，沒想到卻被這個充滿夢幻色彩、華麗歌舞的奇異世界給迷住了。後來，就算爹地媽咪沒有空，他也會自己一個人去戲院、音樂廳觀看表演。

年紀越來越長，功課越來越重，雜事越來越多，負擔越來越大，也沒減少希區考克對戲劇節目的喜愛。

他酷愛坐在一樓正面的座位，因為那裡可以盡情欣賞男女演員美麗俊俏的容顏、精湛的演技和迷人的姿態。

深印在他兒時記憶裡最早的一部戲，是在1905 年，也就是他六歲時看的。年幼的他雖然記不得劇名，但是那燈光、配樂所造成的震撼，卻深藏在他腦海裡，成為他童年永難忘懷的光景。

他永遠記得劇中的女主角一登場，粉紅色的燈光使得她顯得明豔動人，在舞臺上散發一股神

祕的美感；而劇中的大壞蛋，在綠色燈光的籠罩下與陰森森的管絃樂聲中登上舞臺，縱使那大壞蛋還沒使壞，臺下的他卻已經嚇得渾身發抖。

因此，日後他當導演時，十分注重電影的燈光和配樂，期盼能震撼或驚嚇到所有坐在電影院裡觀看他電影的觀眾們。

由希區考克至今所獲得的讚美和榮耀來看，他做到了！

大烏鴉開講

*希區考克喜歡把他童年的一些回憶，穿插在他執導的電影裡，「馬車」就是其中之一。如：他曾在 1950 年所執導的《慾海驚魂》電影中，安排一輛送貨馬車經過，輕輕鬆鬆的擋住警察。又如：他還曾在 1963 年所執導的《鳥》一片中，安排馬車經過群鳥攻擊群眾的現場，馬匹被沖天大火驚嚇暴衝，使得車上的食物、蔬果散落一地，造成已經很混亂的現場更加混亂的效果。希區考克當然知道讓馬車出現在現代化的場景中，顯得荒謬怪異，但是他仍然拍得很起勁，因為能將他童年的美好回憶和他最喜歡的電影結合在一起，讓他有一種說不出的滿足感。因此，他一而再、再而三的樂此不疲。

05

尋找自己的一片天

由於父親生了重病，家裡的經濟狀況十分吃緊，因此，希區考克十四歲時，也就是 1913 年 7 月，離開聖伊格納修斯學院後就沒有再繼續升學。

離開校園，他無憂的童年歲月也跟著結束了。

父親是家裡的重要支柱，他生病了，這個家也跟著傾斜；母親一向是個以丈夫為重的傳統婦女，如今丈夫生病了，更是慌得不知如何是好。於是，這個家的經濟重擔便落在希區考克的身上。

初入社會的他無一技之長，只能在工廠打工，賺取微薄的薪資。

　　但，微薄的薪資根本無法支付一個家庭雜七雜八的開銷。

　　這時，他才深刻體會到當家不易；也在這時，他深深佩服起爹地來。因為他不知道自己何時才能像爹地那樣，堅強的撐起這個家。

　　當日子快要過不下去時，他曾想要向年長他許多的哥哥和姐姐求援。但早已搬出去自組家庭的他們，生活並不寬裕，自顧已不暇，根本沒有多少餘力和金錢可以支助這個家。所以，他一切還是得靠自己。

　　希區考克年紀雖小，卻也知道沒有任何專長，根本就找不到好一點的工作。因此，他告訴自己：「我要盡快學得一技之長。」

　　而要學習一技之長，最快的方法除了去當學徒外，就是到學校進修。對未來感到茫然無措的他，根本不知道從事什麼樣的行業最有前途，於是先去學校進修，看能不能從眾多技藝課程中找到人生方向，好盡快脫離現在的困境。

由於當時的教育體制十分鬆散，任何人想要進修，只要走進倫敦大學任何一間有夜間課程的教室，付一點點學費，就可以坐下來聽課。希區考克便利用這樣的教育體制，努力充實自己。

白天他努力工作賺錢養家，晚上就到倫敦大學認真上課。他不知道上什麼課程對自己的前途有幫助，便想上什麼就上什麼。就這樣，他學了電氣、機械、動力、製圖、打鐵、車床、螺旋切割和航海課程。

除了工作和課業的壓力外，他還擔心爹地的病，擔憂捉襟見肘的家計。每當日子難熬時，他總是催眠自己說：「沒關係！沒關係！現在先忍一忍，只要爹地的病好起來，這樣的日子就會結束了。到那時，我就可以回到學校念書，過著從前那種無憂無慮的生活了。」

但，他美麗的想望，在 1914 年 12 月 12 日父親過世時破滅了。

他難以面對父親已經去世的事實，因為那意

味著往後的日子，他一切都得靠自己了。那孤單無助的感覺，像是被扔下幸福的馬車，在人生路上踽踽獨行。

可是，就算他不想面對，生活也會壓得他不得不去面對。

因此，每當午夜被惡夢驚醒時，他總是告誡自己說：「該長大了！早已不是做夢的年齡，不能再抱著不切實際的幻想過日子了！」

他知道，縱然此刻他的內心是個充滿恐懼無助的小孩，也要武裝起來，讓自己的外表看起來像個什麼都不怕的男子漢。

因為，他得撐起這個家，負起照顧母親的責任。

幸虧這樣的困境沒持續太久。1915 年初，他在夜校學來的一些本領，讓他在亨萊電報電纜公司找到了計算員的工作。

因正值第一次世界大戰期間，對德國作戰的

英國物資需求增加，亨萊電報電纜公司也跟許多工廠一樣，常要員工加班以增加生產。

雖然常常加班很累，希區考克卻累得很開心。他並不是對計算公司要裝置的電纜尺寸和伏特數的工作內容有興趣，而是常加班就能增加收入，讓他養得活自己、養得活母親、撐得起這個家，讓他覺得自己是個有擔當的男子漢。

有一天，他邊工作邊思考著：「夜校所學的東西似乎挺有用的，我應該找時間再去多學一些本領，說不定哪一天用得到。」

於是，他在忙碌的工作之餘，還每週擠出兩個晚上到倫敦大學繼續選修經濟學、政治學、藝術史，甚至還修了繪畫課。

希區考克會選修繪畫課，純粹是為了個人興趣。他不是個不知人間疾苦的人，當然知道只有頂尖知名的畫家才能靠賣畫維生，只懂得繪畫皮毛的

他，只是用繪畫來抒發心靈的感觸，從不曾想過靠它來維持生計。

但，他的畫雖然不能賣錢，卻能讓他心情平靜，因此他除了在家畫，有時上班休息時間，也會忍不住拿起畫筆來塗鴉。

有一天，主管看到他的塗鴉簿，大為讚賞：「你畫得挺不錯的，乾脆調到公司的廣告部門工作吧！」

就這樣，本只是個人興趣的繪畫，幫他打開了人生的另一扇窗。

興趣得以和謀生的工作相結合，讓希區考克開心得不得了，更加賣力的為公司的產品設計出更好的廣告。

他相信只要自己一直努力不懈，終有一天會打破困境，找到一片屬於自己的天空。

我是「電影咖」了

　　希區考克從小就不喜歡運動，加上一直坐著閱讀、畫畫和工作，使得他的體重隨著他的年紀節節升高。

　　1918年，第一次世界大戰打得如火如荼，十九歲的他原本應該去服役從軍，為當時正和德國打仗的英國效忠。不過，因他太胖了，體檢沒通過，加上他受僱於對戰爭有貢獻的亨萊電報電纜公司，也算是正在為國家盡忠效力，因此得以免役，不必從軍上戰場。

　　他雖然不用上戰場，並不表示他的家不會受到戰火影響。

　　有天晚上，他下班快回到家，發現一枚敵軍炮彈在他家附近引爆。他從來沒想到戰爭離他這

麼近，頓時嚇得目瞪口呆。

忽然，他想到待在家中的母親，嚇得邊拔腿狂奔，邊驚慌的喊著：「媽！妳在哪裡？媽！妳在哪裡？」

他衝進家門，慌亂得像隻無頭蒼蠅般的在家裡穿梭找尋。最後，他在母親的房間找到慌張失措的她。

身上穿著睡衣的母親，想將另一套衣服穿上，卻怎麼也無法將兩隻手臂穿進衣袖裡，因而更加慌亂。

「炮彈飛過來了！炮彈飛過來了！要趕快逃！要趕快逃啊……」

看到母親一臉驚恐的邊喃喃自語邊急著想將衣服套上，他趕緊上前緊緊抱住她，輕聲的安撫她說：「媽，沒事了，沒事了……」

最後，他雖然安撫了母親，這一幕卻深深震撼著他。他萬萬沒想到從小護衛著他、一直在他背後支撐著他的母親，會有這麼驚慌、這麼不知

所措的一面，頓時心中五味雜陳，久久難以釋懷。

　　希區考克每天不是超時的工作，就是去夜校上課，要不然就是在家和母親大眼瞪小眼，日子過得枯燥乏味，唯一能令他單調的生活有些滋味、有些色彩，就是去戲院看戲。

　　他從小就喜歡看戲，後來更是迷上了電影，因為唯有沉浸在戲劇或電影的炫麗燈光、綺麗色彩、離奇劇情時，他才能暫時忘了生活的沉悶、工作的壓力和未來的不確定。

　　開始出外工作負擔起家計的他，為了紓解壓力，更加頻繁的上電影院。有時就算電影院改建，改在溜冰場放映電影，他也照樣前往觀看，樂此不疲。

　　希區考克剛開始看電影時，跟大部分的人一樣，純屬娛樂，看完就忘。但，隨著年齡漸長，看過的影片漸多，尤其在看過法國、德國、美國等國家的電影後，他開始去比較這些電影和英國本土拍攝的電影，在片頭的設計、燈光的表現、

攝影的技巧和故事手法上的
呈現有何不同，甚至假設自己
是導演的話，會怎麼去拍這
部電影。

　　為了想了解電影工業、想
知道如何製作一部電影，他常跑去書店找尋有關
這方面的書籍和雜誌，無論是美國出版的《每日
電影報》、《電影前鋒報》，或是英國本土出刊的
《放映機》、《電影攝影燈光週刊》等，別人看得
昏昏欲睡的專業書籍，他卻看得津津有味。

　　縱然他為了解電影工業花了這麼多的時間和
心力，卻純屬個人喜好，從沒想過平凡無奇的自
己，也能踏進那片充滿夢幻色彩的電影世界，成
為電影圈的一員。

　　有一天，亨萊電報電纜公司廣告部經理突然
問他說：「亞弗烈，你想要到電影公司當兼職人員
嗎？」

　　「什麼？到電影公司兼職？」亞弗烈興奮的

睜大眼睛。

一接過經理遞給他的報紙，他立刻一頁一頁的仔細翻閱，終於在徵才廣告欄上，看到一家叫「名演員—雷斯基」的美國電影公司，因正在倫敦開設片廠，所以徵選字幕部門的兼職人員。

怕錯失難得的機會，他趕緊表明說：「經理，我想去！我想去！」

「不是你想去就能去，得拿出本事來，人家才會僱用你。」

「啊？那──我該怎麼做？」

「讓你的作品幫你說話。」

經理會告訴希區考克這個訊息，是因為常看他在工作空檔時翻閱一些電影方面的專業書籍，似乎對這個新生的電影工業有興趣，加上他工作認真，繪畫能力不錯，便想要他去試試。

雖然只是應徵兼職人員，希區考克仍全力以赴。

在經理的熱心資助下，他將曾經畫過或設計

過的所有作品重新整理，做有系統的加工和分類。然後帶著他的一大疊作品，隻身前往「名演員—雷斯基」電影公司位於伊林頓的辦公室應徵。

伊林頓的甄試主管看到來應徵的，是個胖嘟嘟且其貌不揚的小伙子，並沒有多在意。可是，當他打開小伙子遞給他的黑色大公事包，看見裡面是一疊疊地下鐵眾生相的速寫、帶有異國風情的電影布景設計稿，還有默片字幕卡的花邊圖樣時，眼睛為之一亮。

他望著小伙子質疑的問：「這些都是你的作品？」

希區考克雖然緊張，卻仍語氣堅定的說：「是的。你如果不相信，我可以當場畫給你看。」

甄試主管笑著搖搖頭，說：「我相信你就是了。」

他邊從頭翻閱希區考克的作品，邊問：「對

了，你剛剛自我介紹，說你叫什麼名字來著？」

「亞弗烈‧希區考克。」

「亞弗烈‧希區考克——」甄試主管抬起頭，笑著說：「恭喜你，你被錄取了！」

雖然只是兼職人員，雖然兼職的待遇不高，希區考克仍然雀躍不已，覺得人生頓時從黑白變成彩色的。

走出辦公室，他對著頭頂那片難得出現的藍天，吐了一大口氣說：「耶！我成為電影咖了！」

大烏鴉開講

*1930 年，希區考克執導的《謀殺者》中有一幕，是一名女子慌張的一邊穿上一套衣服，一邊又急著想將另一套衣服脫下，結果雙腿被纏住，兩隻手套著不同衣服的袖子。整個畫面雖然顯現出既笨拙又滑稽的效果，卻可看出母親受驚、慌張的那一幕多麼震撼他，令十年後的他仍長記在心，藉由電影抒發出來。

有希區考克
就搞定了

　　由於在「名演員─雷斯基」電影公司只是兼職人員，所以希區考克仍留在亨萊電報電纜公司上班。

　　雖然兼職的薪資不是很多，但因為是興趣所在，所以只要接到電影公司交給他的工作，他總是全力以赴，利用下班後的時間認真的做，希望以最快的速度交稿。

　　每次到電影公司交稿，希區考克總是像踏進夢幻世界般興奮。他總會利用這難得的機會，故意在片廠徘徊蹓躂，除了想一睹明星們的丰采外，他更想了解拍片的狀況，看看燈光的架設、布景的設計、攝影機的運鏡手法，印證那些是不是真的像電影書上說的那樣。

　　那個時候的科技還不發達，攝影機只能拍攝影像，卻無法同步錄音，所以拍出來的電影都是黑白默片。

　　也就是說，電影播放時，觀眾只能看見銀幕上演員的表情、動作，卻聽不見他們說話的聲音，而字幕也無法像現在的影片那樣，同步出現在畫面中。

　　那麼，觀眾要如何得知演員們在說些什麼呢？

　　這就要靠穿插在影片中的字幕卡了。藉由字幕卡上的文字，便能將影片中演員們所說的話傳達給觀眾了。

　　因此，當希區考克看到自己好幾天熬夜趕工出來的字幕卡在電影院播放時，心中有滿滿的榮耀和成就感，覺得這一切真是太神奇了。

　　「名演員—雷斯基」電影公司推出的幾部電影都非常成功，接下來要開拍的影片更多，需要一個負責設計所有影片字幕卡的全職員工。

　　電影公司主管看希區考克陸續交出的字幕設計稿和平面圖稿，又快又好，便把這個工作機會給他。

　　要離開亨萊電報電纜公司時，希區考克由衷的向廣告部經理致謝：「經理，謝謝你！」

　　經理拍拍他的肩膀說：「機會是給準備好的人。小伙子，好好幹！希望有一天在電影銀幕上，看到的不只是你畫的字幕卡，還能看到你其他方面的傑出表現，讓全世界的人都認識你。」

　　經理的話，點燃了希區考克高昂的鬥志。

　　他想：「要怎麼做，才能讓全世界的人都認識我呢？」

　　要讓全世界的人都認識他，他的名字當然得像男女主角的名字那樣，大大的出現在電影銀幕上。

他明白，以他目前的工作是無法達成這個目標，那當演員呢？

「容易緊張忘詞的我，如果當演員，無論是對劇組或是對我自己來說，都是一場災難吧！看來，我還是適合做幕後的工作。那——哪個幕後工作的人，他的名字可以大大的出現在電影銀幕上呢？」

編劇？燈光師？攝影師？剪接師？還是道具人員呢？

他想了想，再想了想，一抬頭，剛好看到電影海報上，帥氣的男主角正對著他露出迷人的笑容……

他忽然靈機一動說：「有了！既然要立志，當然要把志願立大一點。我當不成帥氣的男主角沒關係，就當教男主角演戲的導演好了。」

　　希區考克知道，別人會覺得沒有背景、沒有資金、沒有經驗的他想當導演，如同痴人說夢一樣。但是，他並不覺得自己是個異想天開、好高騖遠的人。「我現在還年輕，而年輕就是本錢。只要我每天朝著目標邁進，縱然只是一小步，但每天的一小步終會累積成一大步；每個一大步，會縮短我與目標的距離。總有一天，我會達到目標，實踐夢想。」

　　從立下志願的那天起，希區考克總是早上第一個上班、晚上最後一個下班。

　　他除了做他原本負責的字幕設計外，只要看到片場哪裡欠缺人手，便立刻自告奮勇說：「我來幫忙！」

　　聽到道具師焦急的說：「人手不夠，道具做不出來啦！」

　　希區考克立刻說：「我來幫忙！」

　　「你會嗎？」

　　「我學得很快！」

　　就這樣，他邊幫忙邊學如何用簡單的材料，製作出銀幕上看起來精美神奇的道具。

　　聽到燈光師說：「人手不夠，打不出導演要的光啦！」

　　希區考克立刻說：「我來幫忙！」

　　「你會嗎？」

　　「我學得很快！」

　　就這樣，他邊幫忙邊學會如何用光影的效果，讓整個布景看起來陰森恐怖，或美得有如世外桃源；更學會了要從哪些角度打什麼樣的光，才能讓演員在銀幕上看起來男的俊、女的美。

　　聽到服裝師說：「慘了！沒有靈感，做不出符合演員身分背景的服裝！」

　　希區考克立刻說：「我來幫忙！」

　　「你會嗎？」

　　「我學得很快！」

　　就這樣，他邊幫忙邊學會如何用服裝襯托出演員的氣質和地位，更知道設計服裝時，除了要

留意樣式，還要注意顏色需和布景搭配，才能讓整個畫面看起來賞心悅目。

除了這些事情之外，希區考克還幫忙釘過布景、寫過劇本，處理過拍片時遭遇到的種種難題。

久而久之，片場只要哪個部門缺人手或出問題，都會說：「快去找希區考克來，有他就搞定了！」

小烏鴉筆記

＊19 世紀末、20 世紀初的這段期間，是新生的電影工業最重要的一個時期，而希區考克正是在這個時期誕生的。如：1891 年，發明大王愛迪生的助手狄克生開發出一種雖粗糙但有效的投幣機，可為單一觀眾放映一段影片。1896 年 3 月 9 日，倫敦帝國戲院放映了一場十五分鐘的影片，而這十五分鐘的影片是由十二段倫敦各個行業生活片段組合而成的。1896 年 4 月 23 日，發明大王愛迪生在紐約舉行美國首次電影公開放映會。1899 年，希區考克出生的那一年，勞伯‧威廉‧保羅在北倫敦的茂斯維丘創立了英國第一座室內電影片廠；在 1899～1905 年，保羅每年約製作五十部短片。1913 年，電影業已經有片長超過一小時的劇情片上映。

08

電影界的導師～
喬治 · 費茲摩里斯

　　雖然希區考克每天加班的時間那麼長，額外負擔的工作那麼多，卻還是只領一份字幕設計員的微薄薪水而已，有時甚至連加班費都沒有。

　　不過，他甘之如飴，始終樂在工作中，因為他覺得從工作裡得到的知識和經驗，比金錢還來得珍貴多了。

　　既然他的志願是當導演，他當然對導演要做的工作多加留意。

　　他觀察過許多導演拍片的情形，其中他最欣賞的，影響他最深遠的，甚至可以算是他電影界的導師的，是喬治·費茲摩里斯。

　　費茲摩里斯是為了所執導的《家裡來的人》、《三個活鬼》兩部電影，在 1922 年從美國來到英

國的「名演員—雷斯基」電影公司。因此，希區考克才有幸見識並學習到他獨特的導演風格。

　　喜歡畫畫的希區考克，發現出生在法國巴黎的費茲摩里斯繪畫能力相當不錯，經打聽才知道他曾在那兒研習過繪畫。

　　當他加入費茲摩里斯的工作團隊時，發現費茲摩里斯在拍片前，會特別去分析片中的每個角色，還會為每個鏡頭準備好詳細的分鏡表，甚至還兼管布景陳設的準備工作。

　　希區考克從沒想過，他這樣一個小小的幕後工作人員，不但能夠和像費茲摩里斯這樣的大導演，一起討論布景的設計和擺放，甚至提出來的意見還受到他的重視，真是令他受寵若驚啊！

　　但是，費茲摩里斯有些事卻令希區考克感到不解。如：費茲摩里斯不但親自去挑選布景所要用的壁紙花樣和顏色，連家具的樣式和擺放在布

景的哪個位置他都事先研擬詳細計畫，甚至還陪演員到服裝店去挑選拍戲要用的服裝，幾乎拍片籌備期間的大大小小事情他都兼顧到了。但，這樣會不會管得太多太雜了？

有一次，希區考克忍不住向費茲摩里斯提出心中的疑問。

沒想到他竟然笑著回答說：「事前做好完善的規畫，正式拍片時才不會手忙腳亂。而且我不是刻意去思考這些細節，而是在潛意識中吸收劇本的主題和氣氛。」

果然在正式拍片時，不論拍片現場如何的混亂、如何的吵雜，費茲摩里斯總能保持冷靜，心平氣和的指揮這個工作人員接下來該做什麼，那個工作人員接下來又該做什麼。

時間一久，大家都清楚，雖然費茲摩里斯的外表看起來輕鬆隨意，實際上卻像鴨子划水一樣，認真的展現他的專

業和本領，所以許多演員都非常敬重他。

希區考克親眼看到費茲摩里斯這樣的處事風格有多麼成功，好學的他只要有機會，便邀請費茲摩里斯到附近的小酒館共進晚餐，再趁著用餐之際向他討教。

就這樣，他不但從費茲摩里斯那兒學會了如何欣賞繪畫，還學會了如何打光和發展前後連貫的劇本，更學會了如何在混亂的拍片現場中展現出導演的本領和專業。

學了這麼多本事，希區考克多麼想要有個能讓他一展導演才華的機會，可惜苦無讓他獨當一面的契機。但，他並不氣餒，他相信機會是要靠自己去找尋的。

後來，有部正在拍攝的電影叫做《無祕密的丈夫》，因為當時的導演生了重病無法繼續執導，

擔任製片的西摩‧希克斯急得不知如何是好，傳聞再找不到適當的人接棒執導的話，可能得放棄拍了一半的影片。

　　希區考克一得知這個消息，激動不已，深深覺得機會來了，立刻前去毛遂自薦。

我來做就行了！

　　無論演戲或編劇都經驗豐富的希克斯，皺著眉頭望著這個長相平凡卻自信滿滿的胖小子，問：「你執導過什麼電影？」

　　「目前雖然還沒有，但只要你給我機會，《無祕密的丈夫》將會是開啟我日後執導數十部電影的第一部。」

　　「喔？」希克斯聽了，快要打結的眉毛鬆開來，興趣盎然的望著希區考克，下了平生最冒險的決定，說：「好，我就給你這個機會！」

　　「真的？」希區考克興奮得睜大眼睛。

　　「希望你的導戲功力能和你的自信相當。」

　　「請相信我，我不會讓你失望的！」

　　不過已在《無祕密的丈夫》這部電影投下許

多資金的希克斯，最後還是不敢全部放手給這個導演界的初生之犢，便和希區考克聯合執導。

雖然如此，希區考克還是很高興有讓自己一展所學的機會，認真的完成了《無祕密的丈夫》這部電影。

「名演員—雷斯基」電影公司的製片部主管這才發現，本來只是個小小的字幕卡人員的希區考克，在短短的時間內已經成長為導演人才，便指派他執導一部新開拍的電影。

對於電影公司的決定，希區考克興奮得不得了。

「我的機會來了！我終於有獨當一面的機會了！」

可惜後來因電影公司經營不善、資金不足等因素，這部電影就停擺了。對此，縱然希區考克有壯志難伸的無奈，也莫可奈何。

1923 年，有個叫麥可‧鮑肯的獨立製片，他和朋友合開了一家小規模的「勝利電影公司」。他

們見舞臺劇《女人對女人》非常賣座，便籌了一筆資金，想將它改編成電影。

他們沒有自己的片廠，便向「名演員—雷斯基」電影公司承租；他們沒有自己的工作團隊，便僱用「名演員—雷斯基」電影公司的某些員工——希區考克也是其中之一。

鮑肯會僱用希區考克當副導演，除了因希區考克有執導過電影的經驗外，還看重他是個聰慧的繪圖師，所設計撰寫的字幕卡很賞心悅目，而這對當時仍是默片的電影非常重要。

希區考克好不容易才又有機會參與拍片，當然積極表現。

當他們召開《女人對女人》第一次編劇會議時，鮑肯要大家推薦編劇好手，希區考克竟然說：「我來做就行了！」

《女人對女人》的導演是英俊瀟灑、深受影迷喜愛的葛拉翰・寇茲，他對鮑肯安排個沒沒無聞的胖小子當他的副導演已經很不高興了，如今

見這位不知自己幾兩重的副導演這麼愛搶鋒頭，更是不滿。

因此，鮑肯還沒開口，他已不屑的開口問：「胖小子，編劇你行嗎？」

希區考克用以前上司對他說的話來回答：「讓作品幫我說話吧！」

他立刻拿出事先寫的劇本交給鮑肯。鮑肯翻了一下，覺得相當不錯，就讓與會的人員傳閱。

大家看了都覺得相當好，連寇茲也無話可說，因此，便決定讓希區考克當副導演兼任編劇。

解決了編劇人選，鮑肯接著又說：「原本擔任藝術指導的麥可有事離職了，請大家推薦適當的接替人選。」

沒想到希區考克再次開口說：「我來做就行了！」

寇茲聽了更火大，瞪著這個名不見經傳又愛現的胖小子，輕蔑的問：「藝術指導你也行？」

已看過舞臺劇《女人對女人》的希區考克，

提出他將在電影中如何透過布景、服裝、道具、演員造型等，使得電影更勝舞臺劇，以吸引更多的觀眾進戲院觀看。最後，他自信的說：「藝術指導的工作交給我，我絕對會做得讓大家滿意。」

既然希區考克敢打包票，大家也無其他更好的人選，便再將藝術指導的工作交給他。

「我們還缺一個剪接師，大家有沒有好的人選？」

鮑肯的話才剛說完，希區考克又開口說：「我來……」

「不會吧？」寇茲立刻站起身來，怒氣沖沖的指著希區考克說：「你已經當了副導演、編劇、藝術指導，還要再兼任剪接師啊？你會不會包了太多工作啊？」

而在場的人也都詫異得目瞪口呆，覺得這個年輕人拚過頭了吧！

「不不不！」希區考克趕緊起身澄清說：「我是想說：『我來推薦個優秀的人選。』」

「喔——」全場笑了開來，覺得這個對電影充滿熱情、企圖心的年輕人，終於知道要適可而止。

鮑肯好奇的問：「你要推薦誰？」

「奧瑪·露西·雷薇。」

寇茲卻沒聽過這號人物，皺著眉頭問：「她是誰啊？」

「她是全片廠最優秀的剪接師！」

🎬 大烏鴉開講

＊「名演員—雷斯基」本來是美國葛里翰等人在英國伊林頓開的電影公司，後因在英國拍的電影不論品質、賣座，都沒有從美國、德國、法國等進口的影片來得好。因此，在希區考克努力學習電影技藝時，片廠已經準備結束營運。最後，在 1924 年，葛里翰將「名演員—雷斯基」電影公司，以很低的價格賣給鮑肯。接手片廠、設備和伊林頓員工的鮑肯，以「甘斯柏勒電影公司」的名稱註冊，開啟了英國影業復興的重要一步。也因鮑肯破格重用，希區考克才有機會執導他最早的完整電影。

覷覥的追求

在希區考克出生的第二天，也就是 1899 年 8 月 14 日，他的另一半奧瑪・露西・雷薇在英國的諾丁罕誕生了。

由於奧瑪的媽媽喜歡看電影，所以奧瑪從小就常常跟著媽媽一起去電影院；求學時，她也常在週末或學校放假時，和家人或自己獨自去看電影。久而久之，便對電影產生了興趣。

當奧瑪發現倫敦電影公司的攝影棚離她家不遠，騎自行車很快就可以到達時，開心得不得了，有空時立刻騎車去那裡看演員們拍戲。

有一天，父親看奧瑪又要騎車出去看人家拍戲，忍不住開玩笑說：「妳對拍電影這麼感興趣，以後乾脆到電影公司上班好了。」

　　奧瑪聽了滿懷憧憬的說：「爹地，如果我真的能到電影公司上班，那就像置身在天堂一樣。」

　　為了讓女兒天天像在天堂一樣快樂，奧瑪的父親四處打聽怎樣才能到電影公司上班。得知住在附近的鄰居在電影公司當技術人員，便在奧瑪從學校畢業時，拜託鄰居幫忙介紹引薦。

　　鄰居看奧瑪挺聰明伶俐，做事又認真，便一口答應。後來，在剪接室裡幫奧瑪找到一份剪接助理的工作。

　　「我可以到電影公司上班了，真是太棒了！」

　　雖然只是擔任小小的剪接助理，不是當光鮮亮麗的演員，奧瑪仍然高興的又叫又跳。但興奮過後，她忽然想到一件事情，擔憂的問：「爹地，我沒有剪輯影片的技術或經驗，怎麼辦？」

　　「學啊！」

　　「萬一我還沒學會，就被電影公司發現，會不會被開除啊？」

　　「別擔心，這個工作是免經驗的。」

　　聽到這裡，奧瑪才大大的鬆了口氣。父親幫她加油打氣說：「凡事認真去學，用心去做，絕對可以做得好。加油！老爸對妳有信心。」

　　於是，十六歲的奧瑪便開始到電影公司上班，在剪接室負責剪輯影片，好讓電影播放時，觀眾可以看到通順流暢的劇情。

　　剛開始奧瑪什麼都不懂、什麼都不會，面對好幾卷雜亂無章的影片膠卷，總是手忙腳亂，搞不懂哪些片段要剪掉、哪些片段要保留，或是哪個畫面要剪接到哪個畫面。

　　剪接師看了，教她說：「奧瑪，要把這些拍好的影片膠卷，剪輯成一部劇情完整的電影，妳必須懂得『連戲』的藝術。」

　　「『連戲』的藝術是什麼？」奧瑪虛心請教說。

　　「它包含了場面進展的邏輯、鏡頭間的連貫性、服裝布景和動作的連接，以及影片處理手法

的整體性。」看奧瑪聽得一頭霧水，剪接師說：「別急，慢慢來！」

　　雖然這些東西有些繁雜傷腦筋，奧瑪仍耐著性子，很認真的跟著剪接師一點一滴慢慢學，因為她想早日成為厲害的剪接師。

　　費了好大的功夫，她終於抓到「連戲」竅門。當她第一次將好幾卷的影片膠卷，剪輯成一部長度適中、劇情通順流暢的電影時，心中有著滿滿的成就感，覺得自己挺厲害的。

　　1921 年，奧瑪隨著鄰居伯伯跳槽到「名演員─雷斯基公司」上班。也在這一年，她和希區考克相遇、相識。那時，還只是在片場擔任兼職人員的希區考克，拿著字幕卡到片場，由於只是第二次來，對環境不熟，便向迎面而來的奧瑪問路。

　　「妳好，我是亞弗烈・希區考克，來這兒交我所製作的字幕卡。請問製作部辦公室怎麼走？」奧瑪熱心的指引

他說：「你從這兒一直往前走，走到底後右彎，看到的那間辦公室就是了。」

「謝謝妳！」

「不客氣。」

這段平淡無奇的相遇，奧瑪過了就忘，並不放在心上。可是不知為何，從這天起，他們常在片場碰到對方。對此，奧瑪雖然覺得他們倆挺有緣的，卻從來沒有多想，更不覺得希區考克有意追求她，因為他從未主動找她聊天，更不曾約過她。

有天晚上，奧瑪接起家裡的電話，被打來的人嚇了一大跳。

「妳好！請問雷薇小姐在家嗎？」

「我就是。」

「妳好，我是亞弗烈・希區考克。」

「希區考克？」奧瑪愣了一下，立刻想起他是誰。「喔，你好！」

「嗯……我想問妳一件事，我想麻煩妳……

我……」

奧瑪根本聽不懂希區考克結結巴巴的在講些什麼，更搞不清楚平常沒什麼交集的他，為什麼會突然打電話給她，便直接了當問：「不好意思，請問你這麼晚了打電話給我，到底是為了什麼事？」

「嗯……是這樣的……」

聽不懂希區考克說什麼，奧瑪只得再問清楚：「是怎樣的？」

希區考克深吸口氣，再深吸口氣，最後鼓起勇氣說：「公司任命我當《女人對女人》這部新片的副導演，我想找妳擔任這部電影的剪接師，不知妳是否願意？」

奧瑪覺得沒有什麼不可以的，便爽快答應說：「好啊！」

從此以後，他們常有機會在一起工作。

奧瑪雖然覺得這個個子不高、身材胖胖的小

伙子多才多藝、反應機靈、幹勁十足，卻不覺得他對她有意思，因為他對她一向公事公辦，從未私下找她聊天，更不曾在下班後找她一起去吃飯。

有一天，工作空檔時，希區考克突然對她說：「在心儀的女性面前，我總是害羞靦腆，不知所措。」

「喔。」奧瑪不知道他為何突然對她說這些話，只能馬虎回應。

希區考克見她似乎不懂他的心意，便鼓起勇氣，再把事情說清楚一些。「要一個英國男人向職位比他高的女人表白，根本是不可能的事。因此，我耐心等待，等到我升上副導演時，才鼓起勇氣打電話給妳。」

「咦？」奧瑪頓時傻眼，不知道該不該將他這段話，甚至是更久前請她擔任剪接師的那通電話，當成是他的告白？

11
戲劇性的求婚

　　《女人對女人》這部電影在 1923 年 11 月上映，立刻獲得好評，票房也相當不錯。鮑肯等人決定用原班人馬火速開拍《白色陰影》，想趁勝追擊。

　　雖然他們的如意算盤打得啪兒響，可惜天卻不從人願。

　　電影公司在《白色陰影》的宣傳廣告上，直接明白標示「本片和《女人對女人》有完全相同的明星、導演、製片、編劇、主角、片廠、攝影師、工作陣容……」，觀眾卻不買帳，賣座當然奇差無比。

　　鮑肯等人不信邪，決定再拍《禮失於廟》。

　　電影公司甚至還做了一個重大決定：「為了

給觀眾新鮮感，我們就把這部電影的外景，拉到風景優美的巴黎、威尼斯、聖莫里茲等地方。」

得知這個訊息，最高興的莫過於希區考克，因為他從小就想環遊世界，如今雖然是出國工作，卻也是真真實實的踏出國門第一步。

何況，隨行的還有他的心上人奧瑪。

巴黎、威尼斯、聖莫里茲等地的風景確實很美，可惜希區考克一行人的工作成效卻很差，原因在於導演寇茲忙著談戀愛。

寇茲雖然已經結婚，但因長得英俊瀟灑，生性浪漫多情，在巴黎遇見心儀的對象後，立刻展開追求，墜入愛河，把此行的主要任務全忘光了。

攝製團隊好不容易等到寇茲的女友不在身邊，以為終於可以開工了，沒想到寇茲竟然憂鬱的說：「女友不在，心情不好，不想工作。」

導演可說是這個工作團隊的靈魂人物，所有的工作都得靠他來指揮、拿主意，寇茲心不在此，所有的拍片工作只得停擺。大家心裡雖然焦急，

卻也一籌莫展。

當拍片的時間結束，大伙兒要搭船回英國時，才驚覺到此行的任務根本沒有達成。船一開，大伙兒憂心忡忡的跑去問希區考克說：「我們此行一吋影片也沒拍，回去怎麼交差？」

對此希區考克也很傷腦筋，他雖然是副導演，卻人微言輕無實權，只能無奈的說：「回到英國再想辦法吧！」

大伙兒心情已經夠糟了，沒想到海象更糟，船顛得厲害，許多人都暈船了。

希區考克一得知奧瑪也暈船，立刻不避嫌的跑去照顧她。

難得的貼心舉動令奧瑪相當詫異，因為自從希區考克向她表白之後，他對她的態度還是跟以前一樣，兩人不曾出去約會，更不曾去拜訪過對方的家人。要不是幾次無意間，發現他常常偷偷注視著她，奧瑪還以為是自己會錯意了呢！

沒有約過會的他們，幸好常在一起工作，才

能藉此來了解對方的個性
和抱負。時間久了，奧瑪雖
然不曾感受到兩人之間
的戀情有什麼濃情蜜意，
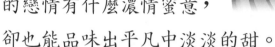
卻也能品味出平凡中淡淡的甜。

　　此時，患難中見真情，希區考克難得的貼心
行為，令暈得頭昏眼花的奧瑪心裡有些暖、有些
甜，對他的好感立即倍增。當奧瑪吐得七葷八素，
連膽汁都快要吐出來時，竟然聽到希區考克說：
「嫁給我吧！」她錯愕的抬起頭，搞不清楚自己
是不是暈船暈到幻聽了。

　　緊張得手心直冒冷汗的希區考克，看她一臉
茫然，心想她應該忙著吐，沒聽清楚他的求婚，
便再說一次：「嫁給我吧！」

　　奧瑪整個人愣住了，心想：「有沒有搞錯啊？
在我吐得一塌糊塗、整個人狼狽不堪，一點美感
也沒有時，跟我求婚？虧你亞弗烈·希區考克做
得出來！」

希區考克無法從奧瑪傻愣的表情判別出她是否同意他的求婚，只得再說一次：「嫁給我吧！」

奧瑪有些哭笑不得，心想：「我要是不答應，他大概會一直重複這句話吧？」

於是，暈船暈得只想好好休息的奧瑪，便隨意點頭答應。

就這樣，在沒有鮮花、沒有鑽戒、沒有單膝下跪的情況下，奧瑪答應了希區考克一點都不浪漫、卻戲劇性十足的求婚。

回到英國，奧瑪和希區考克訂婚的消息令同事們錯愕不已，因為他們倆的互動方式，一點也讓人感覺不出他們有在交往。

「你們也太保密到家了吧！」面對同事們的調侃，奧瑪只是報以羞澀的微笑，心想：「不是我們保密到家，而是希區考克這種含蓄的追求方式，連被追求的我都差點感覺不出來，更何況是你們呢？」

12

以導演寇茲為鑑

　　電影公司的財務越來越困難，常令鮑肯傷腦筋。因此，一得知《禮失於廟》工作團隊花了那麼多錢到國外拍攝，卻連點東西也沒拍回來，氣得對整個工作團隊大發雷霆。

　　「你們花了公司那麼多錢到國外拍攝，卻連一吋影片也沒拍回來？你們是當公司花大錢請你們去度假，還是請你們去談情說愛？」

　　一見鮑肯責備的目光瞪向奧瑪和希區考克，有些人忍不住開口說：「我們這種小人物談情說愛，哪影響得了整個團隊的工作進度？要是大人物的話，那就難說了……」

　　「就是嘛！我們也很想把影片拍好，但，也不能隨我們高興而亂拍啊！總得有人告訴我們該

做什麼吧！」

　　鮑肯愣了一下，頓時明白言外之意，何況導演寇茲在國外的荒唐行為他也不是沒聽說，只是寇茲是明星導演，無論對投資者或影迷，都具有一定的號召力，雙方又合作那麼久，不好當場撕破臉，何況眼下有比對寇茲生氣更重要的事要解決。

　　「公司早已跟發行商排定《禮失於廟》上映的日期，如今時間快到了，影片卻還沒拍，公司又沒多餘的資金可以讓你們再跑一趟國外，更沒有多餘的錢去繳違約金，你們說，現在該怎麼辦？」

　　大伙兒的目光全望向導演寇茲，見身為團隊領導者的他一副事不關己的淡定模樣，只是小螺絲釘的他們哪有什麼話好說的。於是大家就你看著我、我看著你，一句話也不說。

　　希區考克看會議這樣拖下去也不是辦法，便說：「我有個提議大家聽聽看，看是否可行。」

「你說說看。」鮑肯說。

「我們修改企劃，將《禮失於廟》改在伊林頓片廠內拍攝，還把布景改為……」

聽完希區考克的法子後，鮑肯雖不是很滿意，卻也只能勉強接受。

匆促完成的影片，賣座當然不會好。沒想到在《禮失於廟》的檢討會上，寇茲竟然將炮火對向希區考克。

「這部電影會賣座不好，都是希區考克的錯！」

寇茲的話令大家覺得詫異，因為整部片子忙裡忙外、忙上忙下的都是希區考克，他應該是全片的大功臣才對啊！

「我？為什麼？」希區考克錯愕的問，他自認知名度雖然沒有寇茲高，工作態度絕對比他好上千萬倍。

「因為你太愛現了！」

「什麼意思？」

早已看希區考克不順眼的寇茲，趁機滔滔不絕的說：「無論是劇本、服裝、道具、布景、字幕卡等，你都要插手；甚至是調派演員上場的事，你也要管。你一個人包辦這麼多事務，怎麼可能樣樣都兼顧得到？更別說做得好了！」

大家乍聽之下覺得挺有道理的，只是仔細一想，又覺得有些怪。

希區考克當然越聽越生氣。

自從當上副導演後，他便一直跟在寇茲身邊學習，雖然沒有正式拜師，他仍暗地裡把寇茲當成帶領他入行的師父，對他十分敬重。

剛開始他很崇拜這個大他十五歲、高大隨和、散發迷人風采的師父；可是拍了三部電影下來，發現他每況愈下，越來越敷衍塞責，越來越不尊重自己的工作，讓他引以為鑑，告誡自己絕對不可跟他一樣。

現在，這位往昔敬重的師父更過分，不但自

己沒擔當，還將所有的過錯全推給他，令他難以嚥下這口氣。

希區考克還來不及為自己辯駁，鮑肯已經站起來幫他說話：「胡說！這部片子要不是靠希區考克裡裡外外打點，哪有可能如期完成？在公司資金短缺之下，要不是靠希區考克身兼數職，為公司省下不少人事成本，電影哪拍得成？你啊，要好好反省自己的工作態度，別把自己的錯推給別人！」

寇茲雖然被鮑肯說得啞口無言，心裡卻對希區考克更加不滿。

德國拍片開啟新視野

1924 年，鮑肯和德國片商合作拍攝《流氓》。

那時德國的柏林算是歐洲的好萊塢，擁有別處無法取代的電影機器和優秀的技術人才。因此，雙方協商《流氓》這部電影由寇茲當導演，希區考克當副導演，但需到德國片廠拍攝。

能再次出國拍電影，令希區考克雀躍不已。因為不用花自己的錢，又有薪資可領，還可以長知識、增見聞，開啟新視野，怎不令他開心呢？

他非常珍惜這次難得的機會，就算視他為眼中釘的寇茲，把許多不是他該負責的雜事都推給他去做，並語帶嘲諷說：「能者多勞嘛！」他還是盡力去做，一心只盼望「多勞」之後，自己能成為真正的「能者」。

寇茲率領攝製小組抵達德國柏林後，雖然沒有再忙著談戀愛，卻也沒有認真工作，因為他每天都氣沖沖的，看什麼也不順眼，抱怨東抱怨西的，常為了一些細微末尾的小事一再延遲拍片進度。

希區考克不願再隨著寇茲起舞，他覺得時間應該花在值得的事物上。難得有機會來到柏林這塊寶地，怎麼可以入寶山卻空手而回呢？因此，沒事的時候，只要隔壁攝影棚有人在拍片，他便立刻跑去旁觀，見習德國人拍電影的手法，因而認識名導演穆瑙。

那時，身材瘦長、儀態優雅的穆瑙正在隔壁攝影棚拍攝《最後一人》。他早已風聞這個來自英國、身形矮胖的小伙子，是個「什麼都包」的副導演，今日一見，發現傳言不假。

穆瑙挺欣賞希區考克對電影的熱情和拚勁，不但有問必答，還主動教導希區考克布景設計和運鏡技術等。

　　難得遇到有實力且不藏私的前輩，希區考克當然把握機會，像海綿一樣盡力吸收、認真學習。縱然兩人的語言不通，他們仍用簡單的德語和英語詞句、生動的肢體語言來溝通，因而常在片廠、餐廳看到他們倆指東指西、比手畫腳，卻相談甚歡的身影。

　　有一天，希區考克苦惱的對穆瑙說：「我們正在拍的《流氓》中，有一幕的布景令我很頭痛，到現在還不知道該怎麼辦？」

　　穆瑙關心問：「那是什麼場景？」

　　「米蘭大教堂的入口處。」

　　穆瑙聽了點頭認同說：「米蘭大教

堂是歐洲最壯觀的歌德式教堂之一，這樣的場景的確不好搭建。」

「就是說嘛，光它的大門恐怕就有一百呎那麼高，這樣的布景怎麼搭啊？而且，我們只需要拍一個鏡頭，呈現一個男人穿過門口走進黝暗的教堂裡面就好。但公司絕對不可能為了這麼一個鏡頭，就撒大錢、花許多人力來搭建啊！」

「那把這場戲刪掉就好了。」

「我也很想啊！但我們大導演寇茲說，這場戲很重要，刪不得，要我趕緊將布景搞定。」

穆瑠想了一下，說：「其實這事也挺簡單的。」

「什麼？」希區考克詫異的望著穆瑠，懷疑是自己生澀的德語理解錯誤，便再問清楚：「你的意思是說，搭『米蘭大教堂入口處的景』很簡單？」

見穆瑠點點頭，希區考克難以置信的說：「怎麼可能？」

　　穆瑙氣定神閒的說：「與其搭建廉價粗糙的整個全景，不如精確的蓋出建築物的一角。」

　　希區考克還是一頭霧水的搖搖頭。「不好意思，我還是沒聽懂。」

　　穆瑙指著攝影棚裡的布景問：「你知道我為什麼在這裡放一節真的火車車廂，並派幾個人在車廂進進出出嗎？」

　　「為了呈現出火車站人來人往的感覺。」

　　「在這幕火車站的戲中，我有真的搭出整個火車站的場景嗎？」

　　「啊——我懂了！」

　　希區考克茅塞頓開的說：「你的意思是說，我不用真的搭建出整個米蘭大教堂入口處的景，只要精確的搭建出它門邊的一根梁柱和幾個臺階，再透過攝影鏡頭來取適當的角度拍攝就行了。」

　　「孺子可教也！」穆瑙欣

慰的點點頭。

已經有新點子的希區考克，立刻著手重新設計《流氓》的布景。

後來這場戲正式拍攝時，寇茲看了看布景，嫌棄說：「這布景太偷工減料了吧！」

希區考克沒空幫自己辯解，因為他正忙著將攝影機架設在適當的拍攝位置。當影片拍出來的效果非常好，寇茲就不再挑剔了。

此事讓希區考克更加覺得穆瑙真是一座寶山，便更加用心從他那兒學習更多電影專業技術，如：如何架設布景、各式各樣透視法的關鍵技術。

在忙著和寇茲合作拍《流氓》和觀看穆瑙拍戲的空檔，希區考克陶醉在他最喜愛的休閒活動中——到劇場看戲。

儘管語言不通，讓他聽不懂演員們在說些什麼。但劇場不論上演的是古典或浪漫喜劇；不論手法如何，態度都十分認真，讓他看得十分入迷。

　　希區考克還發現德國人十分重視用影像來說故事，影片中盡可能不用字幕卡來打斷影片的順暢，如穆瑙所拍的《最後一人》，從頭到尾只用影像，沒有穿插字幕卡，卻也能令觀眾明瞭電影表達的是什麼，這對希區考克產生巨大的影響。

　　總而言之，希區考克在德國幾個星期的時間裡，所學到的電影技藝，比先前幾年在英國學的還要多得多，更加奠定往後他成為享譽國際、名垂青史的導演實力。

大烏鴉開講

＊1924 年對希區考克的藝術生命來說，是非常重要的一年。希區考克從德國的電影導演、技術人員、歷史和文化中，學會了場面的張力，光和影之間與人物鋪陳之間的動力。但最重要的是，他領悟到不穩定和扭曲的影像，所具備的情感和力量。因為第一次大戰後，戰敗國之一的德國，所拍攝比較好的電影中，每一個鏡頭都帶有脅迫性、焦慮和動盪不安的元素，這種拍攝手法，非常符合希區考克日後拍攝恐怖片所要的效果。

14
執子之手一起拍電影

　　寇茲雖然是《流氓》的導演，但因他處理技術問題越來越吃力，所以實際上控制每個重要環節的，都是副導演希區考克。

　　希區考克以速度和準確度，展現出處理事情的能力，令寇茲看了既羨慕又嫉妒，卻又不得不依賴他，因為年齡越來越大的他，既沒有體力也沒有衝勁，在得過且過的心態下，根本很難振作。

　　1925 年年初，寇茲日漸消沉的消息，隨著攝製團隊回到倫敦而傳到鮑肯的耳裡，令他不得不慎重思考，未來是否還能將新片交由寇茲執導；如果不能，又有誰能委以重任呢？希區考克行嗎？

　　在鮑肯觀察希區考克的這段時間裡，希區考克除了忙著處理《流氓》的後製作業外，就是忙

著他最喜歡的兩件事——約會和電影。

　　他很喜歡和奧瑪一起去看電影、討論電影，討論劇情、布景、運鏡、燈光、剪輯、拍攝手法等等，想到未來的人生路上有志同道合的她同行，他就覺得心滿意足。

　　有一天晚上，希區考克約奧瑪一起去看最受英國群眾喜愛的美國電影。他們看完後，邊走出電影院邊望著陸續從他倆身邊擦身而過的群眾，希區考克有感而發的說：「真希望以後我也能像這些美國導演一樣，光靠片頭出現我的名字，就可以吸引這麼多的觀眾進戲院。」

　　奧瑪睨了他一眼，調侃說：「導演椅你都還沒坐上咧，就開始做起賣座大導演的美夢來。」

　　希區考克迎著她的目光，語氣堅定的說：「會的，總有一天，我會成為票房保證的名導演。」

　　奧瑪被他認真的眼神看得心兒怦怦跳，但仍不忘提醒他說：「票房保證的名導演——你的志願會不會立得過於夢幻不切實際了？」

希區考克搖搖頭說：「能達成的志願，就不算是夢幻不切實際！」

奧瑪嫣然一笑點頭說：「那就祝你早日願望成真。」

「謝謝！」一談起終生職志的電影，希區考克就滔滔不絕的接著說：「以前國內一些最受歡迎的導演，如寇茲、賀渥斯等人，現在已經漸漸走下坡了，所拍的電影無法再取悅觀眾，這正是給像我這種新人出頭的好時機。」

奧瑪贊同的點點頭。但同樣從事電影幕後工作的她，對英國電影有更大的擔憂：「你分析得沒錯。不過長久以來，我們國片不是製作過程粗糙，就是拍攝手法拙劣，要不然就是劇情陳腔濫調，早把國人對國片的信心給磨耗掉了。賠錢的生意沒人要做，國人不愛看國片，國片賣不了錢，又如何吸引片商掏錢出來投資呢？新片不開拍，我們這些從事電影事業的人都快沒工作做了，那麼

實踐你的導演夢，不就更遙遙無期了嗎？」

　　奧瑪的話說進希區考克的心坎裡，為了他和奧瑪的將來，他當然希望國內的電影事業能蓬勃發展。「我們的確得想想辦法振興國片。」

　　「雖然振興國片是件艱難的任務，我們一起努力吧！」

　　希區考克豪氣萬丈的說：「只要給我資金，給我機會，我一定會執導出令觀眾耳目一新的影片來。」奧瑪全心信任他說：「加油！你一定會做到！」

　　「謝謝！」希區考克相信，總有一天他的願望一定能實現，更希望當願望實現時，佳人就在身邊。他望著奧瑪吞吞吐吐的說：「嗯……嗯……那個我……」

　　看他似乎難以啟齒，奧瑪爽快的說：「有什麼需要我幫忙的，你儘管說。」希區考克深吸口氣後，鼓起勇氣說：「我希望先立業再成家……」

　　奧瑪聽得一頭霧水，問：「什麼意思？」

「就是說……呃，就是說，我想先當上導演，再當妳的丈夫。妳說這樣好不好？」

「啊？」奧瑪詫異得嘴巴都成O形了，繼而害羞的低下頭來。

「妳說好不好？」希區考克緊張的再次追問。

奧瑪甜蜜的點點頭。得到奧瑪的承諾，希區考克興奮的說：「那我們就這麼說定了喔！」

奧瑪回到家，家人看她春風滿面，好奇的說：「哪部電影拍得那麼好，讓妳看得眉開眼笑的？」

「電影？」奧瑪愣了一下，才想到她的確是跟家人說要和希區考克去看電影，但此刻她腦海裡只迴盪著希區考克的身影和話語，哪還記得電影演些什麼。「我的好心情跟電影無關啦！」

「那就是跟希區考克有關囉！」

奧瑪點點頭，將希區考克剛剛說的話轉述給家人聽，最後還甜蜜的說：「他是不是很羅曼蒂

克？」家人聽了不以為然的說：「這些話哪有羅曼蒂克啊？萬一他一輩子當不成導演，你們是不是就一輩子不結婚了啊？」

「不會的，他一定會當上導演的！」

「妳對他那麼有信心？」

「當然！他那麼有才華，工作又那麼認真，絕對可以很快實現他的導演夢的。」

「他有他的導演夢，妳呢？」

「我？」

「妳剛進電影公司時，不是也有當製片或是當導演的夢想，才那麼認真的學習剪輯和其他的電影技術嗎？怎麼和希區考克訂婚後，都不曾聽妳再提起過呢？」

奧瑪低頭笑了笑，靦腆的說：「兩人結婚建立一個家後，如果還各自為自己的夢想在外沒日沒夜的打拚，那樣的家還像個家嗎？」

「妳要為了他，放棄妳自己的夢想嗎？」家人心疼的問。奧瑪搖搖頭，說：「不！我會陪著

他、督促他、協助他在實現他的夢想的同時，也將我的夢想一起實現。」

看奧瑪這麼有信心，家人也只能全力支持她。「希望未來真的能如妳所願。」

「天助自助者，老天爺會幫我們的。」

或許真的如奧瑪所說「天助自助者」，1925年，未滿二十六歲的希區考克終於當上導演，他找奧瑪當副導演，兩人一起攜手拍電影，一步一步實現他們的夢想。

大烏鴉開講

＊希區考克拍片的理念是，在沒有旁白的輔助下，仍能有效而且簡潔的闡述一個故事，這就是「純電影」(pure cinema)。他重視以「畫面」來構思，而不是用文字敘述轉為畫面。他曾經說過：「對我來說，影片應該是先在紙上繪製。電影應該具有視覺的意義。我從來不看鏡頭，我只是想著，如何在一片白色的布幕上填滿，就如同我們畫一幅畫一樣。」因此，電影院的白色銀幕，成了希區考克的畫布。當然在希區考克的影片中，他還是運用了對話與配樂等音效。但他深信電影絕非是「一群人對話的畫面」(pictures of people talking) 組合而成，而畫面也不僅僅是對話的裝飾背景而已。他相信電影應該是由各組件互補建構而成，就像是音樂旋律是由音符組合而成一樣。

15

初次執導狀況多

　　幾部電影下來，鮑肯發現長期合作的寇茲已經無法委以重任，他想提拔希區考克當導演，奈何自己的資金不足，需仰賴發行商的財力支援；而發行商考量到景氣不好，知名大導演所拍攝的電影成本回收已經相當困難，因此，更加不願冒險任用毫無號召力的菜鳥導演。這可令鮑肯相當傷腦筋啊！

　　有一天，鮑肯看到外國電影比本國電影受歡迎的相關報導，不禁搖頭感嘆說：「外國的月亮未必比較圓，遠來的和尚也未必比較會念經，國人還真是盲目崇拜啊！」

　　忽然他靈機一動說：「有了！既然大家都認為遠來的和尚比較會念經，那就讓希區考克去當

『遠來的和尚』吧！」

　　鮑肯立刻再去找德國的片商合作拍攝《歡樂園》，打算讓希區考克到德國拍片，成為「國際合作知名導演」中的一員，以避開提拔希區考克當導演的阻力。

　　當一切安排妥當時，他通知希區考克說：「你的願望可以實現了。」

　　「我的願望？」希區考克愣了一下，回過神後再細問：「你是說……我可以當導演了？」

　　「沒錯！」鮑肯立刻詳細的告知希區考克他的拍片計畫。

　　希區考克聽了雀躍不已，很想立即跟奧瑪分享這個喜悅。可是，他轉念一想，希望給奧瑪雙份驚喜，便硬著頭皮說：「老闆，我萬分感激你給我機會，讓我完成心願，我一定會竭盡我所能將戲拍好。但……可不可以請你答應我一個請求？」

　　「喔？你說說看。」

　　希區考克清了清喉嚨，靦腆的說：「可不可以讓奧瑪當我的副導演？」

　　「奧瑪？你的未婚妻？」見希區考克臉紅的點點頭，鮑肯笑謔的說：「好吧！看在你們『伉儷情深』的分上，我就行行好，讓奧瑪擔任你的副導演，好讓你們能『夫唱婦隨』。」

　　「謝謝老闆！」

　　就這樣，1925 年 6 月，終於當上導演的希區考克，興奮的和奧瑪率領一組攝製人員前往歐洲大陸拍《歡樂園》。

　　他本來以為這是個簡單任務，因為他對自己執導的能力有信心，加上又有奧瑪這樣拍片經驗豐富的人當副導演協助，領銜主演的又是美國知名影星，內景拍攝的地點是他已經非常熟悉的德國艾默卡片廠，外景拍攝地點是美麗的義大利科摩湖畔。一切的前置作業似乎已經非常完善，他只要按部就班的將影片拍好即可。誰知，人算不

如天算，他們一踏上歐洲大陸就狀況連連，害得他影片差點拍不成。

希區考克很想率隊直奔德國的艾默卡片廠，因為這樣拍片計畫比較容易執行，拍片進度比較容易掌握，奈何他必須考量氣候、主角演員的檔期，和片場有多少攝影棚可以配合搭景等種種因素，因此他無法順著劇情拍，而是到處跳著拍。

他們一抵達德國慕尼黑，希區考克就將一部分製作費交由奧瑪掌管，說：「妳到法國雪堡去，兩位從美國搭船來的女主角就由妳負責接待。」

「沒問題。你呢？」

希區考克對著不只是他的副導演，更是他的未婚妻的奧瑪，仔細交代他的行蹤：「我和男主角曼德、兩名攝製人員，搭明天早上八點的火車到義大利熱內亞，去拍幾場重要的輪船甲板場景；接著我們會到地中海畔的聖雷默拍攝，之後再轉往科摩湖，最後才會回到德國艾默卡片廠和你們會合。」

奧瑪聽了點點頭，說：「你一切小心！」

「妳也是！」

誰知第二天一上火車，希區考克一行四人就狀況連連。

先是男主角曼德將化妝箱遺忘在候車室，他衝下火車去拿時，差點趕不上火車，害得希區考克緊張得都快虛脫；再來是攝影師為了幫公司節省關稅，沒有申報攝影機和一萬呎的底片，造成在通過奧地利邊境時，行李箱裡的底片被關員搜出來而遭到查扣。希區考克當場臉都綠了，沒有底片怎麼拍片啊？

好不容易他們終於在星期一天未破曉時到達熱內亞，才發現所要拍的輪船星期二中午才會到。希區考克只好故作樂觀的說：「我們剛好趁著空檔去買底片吧！」

沒想到他們上街買新的底片回旅館後，

卻發現希區考克放在行李箱裡的製作費全部被偷。真是雪上加霜啊！

太多突發的狀況，令習慣按部就班的希區考克慌了手腳，也令工作團隊質疑這位未滿二十六歲的年輕導演的辦事能力。

縱然口袋空空，但住宿費、餐飲費和其他雜七雜八的費用仍需支付，萬不得已之下，希區考克只好硬著頭皮跟同行的男主角和工作人員開口借錢，好度過眼前的難關。

當他們費盡千辛萬苦完成此行拍攝計畫，回到慕尼黑和奧瑪等人會合時，希區考克才鬆了一口氣。

聽完「熱內亞之行」的種種窘況，奧瑪雖然忍不住搖頭嘆息，卻仍不忘幫希區考克加油打氣：「沒關係，一切都過去了！」

幸好奧瑪身上的製作費還有一些餘款，只是歸還希區考克所借的款項後，所剩不多。

看到因自己的疏忽，使得製作費如此拮据，

希區考克感到萬分愧疚。這時，奧瑪緊緊握住他的手說：「別擔心，總會有辦法解決的。」

於是，他們倆每天晚上忙著製作第二天詳細的拍攝計畫表，除了畫分鏡表外，還討論如何更改劇本以符合有限的製作費，更要商討如何解決財務問題。

在兩人同心協力下，《歡樂園》很順利的在1925年的夏末殺青。

鮑肯一得知消息，立刻趕到慕尼黑，在片場的小放映間裡先睹為快。

雖然對自己執導的電影有信心，希區考克仍然感到忐忑不安，深怕自己的作品不合鮑肯的

意，那麼他就難再有機會執導第二部電影。

看完《歡樂園》後，小放映間的燈光一亮，鮑肯便拍著希區考克的肩膀，滿意的說：「幹得好！這部片子將大受市場歡迎。」

這話像定心丸一樣，讓希區考克露出欣喜的笑容。

鮑肯早就對希區考克的才華非常肯定，看了他執導的《歡樂園》後，更覺得自己慧眼識英雄，才能發掘希區考克這匹千里馬。

因此，雖然《歡樂園》還沒上映，還沒經過市場的考驗，鮑肯仍然對希區考克深具信心，將接下來和德國合作的電影《山鷹》交由希區考克執導。

這麼快就有第二次執導的機會，令希區考克雀躍不已，整個人意氣風發了起來。更令他開心的是，鮑肯還讓奧瑪留在慕尼黑陪著他，成為他得力的助手。

16
新片上映波折多

1925 年的夏末，希區考克才拍完《歡樂園》，緊接著在秋天開拍《山鷹》。這樣緊湊的工作雖然累，希區考克卻累得非常快樂，非常有成就感，因為能和心愛的人一起從事心愛的工作，真是一大樂事啊！

為了不辜負鮑肯的賞識與支持，希區考克很有效率的在 1926 年元月完成了《山鷹》的拍攝工作，率隊回倫敦。

回到倫敦後，希區考克期待拍完的兩部電影趕快上映，好讓更多人看到他的作品，肯定他的才華。

鮑肯投下那麼多資金拍片，當然也希望拍好的電影能趕緊上映，好回收成本，甚至賺大錢。

但是因為希區考克是電影圈的菜鳥導演，許多戲院和發行商不敢貿然讓此片上映，鮑肯為了讓大家認識希區考克，便為新聞界和電影院業者舉辦一場《歡樂園》的試映會。

試映會後，眾人意見分歧。雖然有些觀念先進的記者看了覺得不錯，在報章雜誌上的報導對希區考克和《歡樂園》讚賞有加，但更多人無法接受希區考克德國風格的拍攝手法，尤其是統率電影發行公司的伍爾夫，更是覺得《歡樂園》爛透了。

伍爾夫覺得希區考克學習德國導演用光影對比和奇特的攝影機角度，所拍出來的畫面、所呈現出來的氛圍非常怪異，會讓習慣於簡單、明亮、直白拍攝手法的英國電影觀眾難以接受。因此，他決定不發行《歡樂園》。

連帶的，希區考克所執導的《山鷹》也和《歡樂園》同樣面臨無法上映的命運，所有剪輯好的完整底片和拷貝都被放進片場的片庫裡。

　　伍爾夫對鮑肯非常不滿，怒氣沖沖的說：「當初因為你百般勸說，讚賞希區考克才華洋溢，說只要給他執導的機會，必會拍出非常賣座的電影，為公司賺進大筆財富，我才勉強出錢投資他拍片。現在呢？他拍的這種電影誰想看啊？真是浪費我的資金。」

　　雖然被伍爾夫罵到快臭頭，鮑肯還是覺得《歡樂園》拍得不錯，但出資的大老闆不認同，不肯再出錢發行打廣告，他也說服不了他，只得一切暫時停擺了。

　　得知伍爾夫的看法和決定，希區考克頓時從雲端跌到谷底，對自己產生質疑：「我勇於嘗試新的電影拍攝手法，難道錯了嗎？」

　　他很想找奧瑪談談，奧瑪卻沒有空跟他談。

　　多才多藝的奧瑪，工作機會比現在只想當導演的他還多。

　　從德國回來後她就十分忙碌，一下子要負責剪輯影片，一下子要負責劇本籌備，有時甚至還一口氣接下三、四部電影的剪輯工作，幾乎要以片廠為家了。因此，她常常忙到沒空跟他約會。看她那麼樂在工作中，他也不好說什麼，只能默默的支持她。

　　但，他此刻正值人生低潮，真想見見她，和她說說話，聽聽她的意見，因而特地到片場去找她。

　　到了片廠，他還沒找到奧瑪，就聽說奧瑪因能力卓越，深受公司高層賞識，可望成為編劇，甚至當上導演。頓時，他心中五味雜陳，不知道是該替奧瑪高興，還是該為自己傷悲，便轉身默默離開。

　　當奧瑪意識到許久沒有接到希區考克的電話時，已經是過了兩個星期之後了。尤其是聽到希區考克首次執導的兩部電影都無法上映，更是替他感到焦急難過，偏偏在片場又一直遇不到他。

　　好不容易捱到工作空檔時，她立刻打電話給他。「你的事我聽說了。但，發生這麼大的事，你怎麼沒有在第一時間跟我說呢？」

　　面對奧瑪的關心，希區考克不好意思直言是自己的自尊心作祟，只避重就輕說：「妳那麼忙，就不拿這些事來煩妳了。」

　　「只要是你的事，我都不會覺得煩；只要是你的心情，我再忙都能抽出時間聆聽。」

　　奧瑪的話像一股暖流，流進希區考克的心裡，溫暖了他失意沮喪的心。「謝謝妳！」

　　「你別灰心難過，伍爾夫那幫人觀念比較老舊、做法比較保守，總有一天，他們會贊同你是對的。」

　　「真希望那一天能早點到來。要不然我可能再也沒機會當導演了。」

　　「聽說鮑肯有意將 1913 年的暢銷小說 《房客》改編成電影。」

　　希區考克激動的說：「妳是說，那本以東倫敦

惡名昭彰的開膛手傑克所犯的案件為本，所改寫
成的《房客》？」

「沒錯。我覺得你從德國學來的各種怪誕陰
森的視覺手法，用在這部驚悚片裡挺合適的，你
何不去向鮑肯爭取執導的機會？」

「我已經害得鮑肯投資的兩部電影血本無
歸，怎麼好意思再跟他開口？」

「就是因為這樣，你才更應該去爭取。」

「什麼意思？」

奧瑪深謀遠慮的說：「要是你能執導《房客》
並非常賣座，那你之前執導的《歡樂園》和《山
鷹》才能鹹魚翻身，有上映的機會。」

希區考克聽了躍躍欲試，卻又躊
躇不前。「妳說的很有道理，可是，
就算我爭取到執導《房客》的機
會，會不會拍完又慘遭……」

「我對你有信心，你更要對自
己有信心。」

「以前，我對自己信心滿滿；但是現在，我……」

「你未當導演前，總是明知其不可為而拚命為之；怎麼現在當過導演後反而裹足不前、猶豫再三呢？」

希區考克想起以前不管前方有多少阻攔，只管努力向前衝的魄力，便下定決心說：「我一定會說服鮑肯，絕對不會讓妳失望。」

17

電影神童名氣揚

　　鮑肯原本就挺欣賞希區考克對角色人物和敘事結構的敏銳度，見他如此積極爭取，便力排眾議，將《房客》交給他執導。

　　希區考克心中非常明白，《房客》是決定他的「導演生涯」能否繼續的關鍵，因此拍片時戰戰兢兢，唯恐將《房客》搞砸。

　　誰知他的精心傑作，仍難逃遭伍爾夫冷凍的命運。

　　這事不只希區考克難過，鮑肯也挺傷腦筋的。

　　「怎麼會這樣呢？難道是因我個人太欣賞希區考克，才看不出他電影裡的盲點嗎？」

　　為了找出原因，突破困境，鮑肯透過私人交

情，找來倫敦電影協會創始會員蒙太鳩，期盼借重他的豐富人脈、批判才華和影視地位，幫《房客》起死回生。

曾到德國採訪電影工業的蒙太鳩，對德國的電影技術大為讚賞，因此在看過《房客》後，說：「整部影片相當不錯，敘事有力搶眼，視覺設計頗富新意，影像的組合令人著迷。總而言之，我挺喜歡的。」

鮑肯困惑的問：「既然如此，為何《房客》還遭到冷凍呢？」

「它的優點雖多，缺點卻也不少。」

鮑肯著急的問：「《房客》有什麼缺點？該如何改善？」

「別急，我會詳細的跟你說。」

於是，鮑肯和希區考克便聽從蒙太鳩的建議，不但將字幕卡從三百多張減為八十張，讓電影觀看起來更順暢，還將幾個模糊不清的場景重拍。甚至找來住在倫敦的美國海報藝術家考佛幫

忙，設計出邪氣的字幕卡背景圖樣，以凸顯影片在結構和主題上的三角形，因為片中凶手留下的字條是三角形的，而三角形也影射片中的三角愛情關係。

　　在一番改造後，鮑肯信心滿滿的舉辦《房客》試映會，邀請新聞界和電影院業者來觀賞。

　　大家原本抱著質疑的態度來的，畢竟希區考克執導的前兩部電影都遭到冷凍的命運。但，《房客》的精采出乎大家意料之外。因此，試映會後佳評如潮，許多人讚美《房客》是英國有史以來最優秀的電影，紛紛搶著要上映。

　　果然如奧瑪所料，《房客》試映會的成功，使得《歡樂園》和《山鷹》跟著解凍，三部片子都排定在隔年 1927 年陸續上映。

　　1926 年 12 月，希區考克實踐了「先當上導演，再當奧瑪丈夫」的承諾，和奧瑪在天主教小

教堂舉辦婚禮，兩人成為電影事業和人生旅程上的伙伴。

婚禮當天晚上，夫妻倆搭火車、渡船到法國，準備到瑞士度蜜月。

在明媚的風光中，希區考克忍不住問出擱在心裡已久的疙瘩：「妳想當導演嗎？」

「為什麼這麼問？」

「因為包括鮑肯在內，有不少人跟我說，妳如果當上導演，成就必定不凡。」

「真謝謝他們的肯定和抬愛。」奧瑪聽了嘴角上揚，露出得意的笑容。忽然，她嬌俏的瞪著希區考克問：「你覺得我適合當導演嗎？」

希區考克愣了一下，勉強回答說：「以妳的才華，當當當……然適合。」

奧瑪當然聽出希區考克言外之意。「可是我覺得有個工作比當導演更吸引我。」

「什麼工作？」希區考克不覺得有任何工作比當導演更吸引人。

「『享譽國際大導演』 的幕後推
手。」

「咦？什麼意思？」

「簡單的說， 就是推著你朝
『享譽國際大導演』 的目標邁
進。」

希區考克聽了激動的抱住她，感
動的說：「謝謝妳！我一定會努力朝這個目標邁
進，絕對不會讓妳失望。」

1927 年 1 月，《歡樂園》終於上映，倫敦報
界資深影評人讚揚希區考克是「具有大師見識的
年輕人」；一個月後《房客》首映，將希區考克的
聲勢推得更高。希區考克終於完成他的心願，讓
觀眾從中午排隊排到午夜，只為了看他執導的電
影。

連續兩部電影的成功，讓二十七歲的希區考
克得到「電影神童」的美譽，許多片商都捧著資
金搶著請他拍片。

　　這時，有個眼尖的影評人在報上透露：「《房客》一開場的報社場景中，背對著攝影機的，不就是導演希區考克本人嗎？」這報導更深深引起影迷們的興趣，大家紛紛睜大眼睛，想在影片中找到希區考克的身影。

　　這是英國電影史上首度有導演比明星更受矚目，也是希區考克頭一回在攝影機前露臉，彷彿藉此代表簽名認證，在往後導演生涯五十年中，這類的客串演出成為希區考克作品的特色之一。

　　奧瑪也如她當初的承諾，在往後五十年，將心力完全投注於希區考克，認真推著他朝「享譽國際大導演」的目標前進。

18

《蝴蝶夢》美國夢

　　1927 年，當紅炸子雞的希區考克跳槽到「大英國際影業公司」，成為英國薪資最高的導演。也在這一年，有聲電影問世。

　　平安夜時，希區考克夫妻倆共進晚餐，奧瑪提醒他說：「雖然你已經習慣拍默片，但有聲電影是未來電影發展的趨勢，你應該多留意這方面的技術和訊息。」

　　不大習慣事情不在他的掌控下的希區考克，邊吃著美食邊無奈的說：「好吧！現在有聲電影的技術還不純熟，等觀察一陣子後再說。」

　　「不過，有件事你可得先有心理準備。」

　　看奧瑪莫測高深的表情，希區考克緊張的問：「什麼事？」

「你快要當爹地了。」

「真的？真是太好了！」

不過後來他覺得越來越不好，因為他無法預期孩子的長相、個性和未來，他無法掌控生產時他們母子是否平安，這些懸而未決的事情令他精神緊張，加上他的事業停滯不前，更令他感到焦慮不安。

雖然希區考克是全英國薪資最高的導演，卻仍須聽從電影公司的指示。

如果電影公司要他拍的題材是他想拍的，他便會狂熱的投入工作中，拍出叫好又賣座的電影。

但，有時事與願違，在不得不拍的情況下，他只得敷衍了事，拍出缺乏熱情和創意的影片，風評和賣座當然不理想。在希區考克拍了幾部備受批評的電影之後，讓人不得不覺得他是否已經江郎才盡了。

媒體常這麼報導，令希區考克不得不對自己

的能力產生懷疑，幸好有奧瑪一直在他身旁幫他加油打氣。

1928 年 7 月 7 日，女兒出生了——取名叫派翠西亞。

女兒平安出生，讓希區考克不再常常神經緊繃；奧瑪可以回到崗位工作，更讓希區考克安心了不少，得以全心投入《敲詐》的拍攝工作。

按照計畫，《敲詐》是要拍成默片，且已經拍好準備上映。

但因電影公司順應時代潮流，從美國進口錄音設備，有聲電影攝影棚也已經蓋好了，便想一魚兩吃，要求希區考克重拍某些場面，將《敲詐》變成有聲電影，成為英國首部有聲電影。

《敲詐》上映時，反應比《房客》還熱烈，甚至有影評人讚美它如同哈雷彗星來臨般稀罕，因為希

區考克成功的結合聲音和沉默，使《敲詐》成為有聲和無聲以最具智慧的手法結合在一起的電影。

1934 年，希區考克和麥克菲爾合作《擒凶記》。

麥克菲爾是知名的劇本編審和剪接師，他覺得希區考克的電影中有個推動電影情節的敘事手法，通常是一件原本眾人追逐、看似重要的物品（如機密文件、貴重珠寶、鉅款等），但隨劇情發展到最後，這個物品卻變得越來越不重要，甚至被遺忘。

他為這個元素創了一個新名詞，叫做「麥高芬」──這只是個為了製造懸疑感，驅動劇中人物或故事的推進，卻跟故事本身的內容僅有很少的、甚至沒有實質相關性的物品。

連續幾部電影的成功，讓希區考克在英國影壇的聲勢如日中天，引發美國片商的注意，邀請他到好萊塢拍片。

　　面對要不要到大西洋的對岸發展，令希區考克傷透腦筋，和奧瑪商量著：「我們在這兒日子過得相當好，似乎沒有任何理由非要飄洋過海到美國發展不可。」

　　「你現在雖然是國內導演中第一把交椅，是媒體的寵兒，對影片的控制權在英國影史上是空前的，但你別忘了，現在國內的電影工業正陷入1920年以來的最低潮，反觀美國好萊塢的電影工業卻正蓬勃發展，你在哪兒更能一展長才，心裡應該明白。」

　　「可是我們不曾到過美國，不知道到了那兒能不能適應……」

　　奧瑪跟希區考克也有同樣的顧慮。

　　她想了一下說：「我們何不趁著你下部戲開拍前，到美國觀光旅遊？看看我們是否能適應那兒的環境，評估一下

你在那兒發展的可能性。」

「這主意不錯，就這麼辦。」

1937 年 8 月，希區考克一家三口搭船抵達美國紐約。希區考克得知他拍的電影正在當地戲院上映，立刻跑去戲院，想了解觀眾的反應。

當他看到戲院前長長的人龍只為買票去觀看他的電影，開心的笑不攏嘴。不少影迷們認出他來，熱情的擁抱他，瘋狂的要他的簽名，讓他頓時愛上這個國家。

回國後，希區考克拍完他在英國時期最著名的《貴婦失蹤案》和勉強拍完的《牙買加旅店》，便在 1939 年全家搬到美國。

「好的開始，是成功的一半。」因此，希區考克對於他在美國第一部開拍的電影非常慎重。而他的慎重，為他帶來了甜美的果實。

1940 年，希區考克拍好他在好萊塢的第一部作品《蝴蝶夢》，這部電影呈現細膩的心理刻畫和扣人心絃的懸疑緊張，因而獲得第十三屆奧斯卡

最佳影片。

　　《蝴蝶夢》雖然沒有讓希區考克得到奧斯卡最佳導演，卻讓他聲名大噪，在美國影壇占得一席之地，並逐漸奠定他驚悚大導演的地位。

大烏鴉開講

*麥高芬 (MacGuffin) 也稱麥胡言，是指一些在劇情中有很大重要性，卻子虛烏有的東西。

　　據麥克菲爾說，這個名詞衍生自他編的一個小故事：有兩位旅客從倫敦搭火車到蘇格蘭，其中一個人上方的行李架，放了個奇形怪狀的包裹。另一個看了好奇的問：「那奇怪的包裹裡放的是什麼東西？」「那是一個麥高芬。」「有什麼作用？」「是蘇格蘭高原上用來捕捉獅子的器具。」「可是蘇格蘭高原沒有獅子呀！」「喔，那就沒有麥高芬了。」所以，一個麥高芬什麼都不是，只是製造懸疑感的工具。

　　「麥高芬」是希區考克電影中一個重要的概念。它可以很模糊，如《北西北》中提到的某政府機密機構；也可以很明確，如《國防大機密》中的軍武計畫；甚至也可以是無關緊要的，如《火車怪客》中擋在樓梯間的狗，因為沒人會在意那隻狗，牠在那兒只為了製造緊張感。那隻狗可以替換成任何東西，如一個人、一隻貓、一個鬧鐘，即成為一個麥高芬。

19

喜歡用電影來
嚇人的希區考克

由於第二次世界大戰和好萊塢電影工業較發達的關係，希區考克決定繼續留在美國發展，他的家人當然也跟著他移居美國。

《蝴蝶夢》之後，希區考克又拍了《海外特派員》、《深閨疑雲》、《美人計》等叫好叫座的電影，讓他成為票房保證的名導演。到了 1950 年，電影的賣座和適當的投資，讓希區考克擁有國際知名度和可觀的財富，最重要的是，在好萊塢拍片他擁有談判權，雖然不是全部他說了算，但也不用事事都得聽從電影公司的指示。

有一天，他和奧瑪坐在家中豪華的庭院裡吃早餐，忍不住自豪的說：「想到三十年前，我還只是個對未來感到茫然無措的小小字幕卡員，經過

這麼多年的努力和打拚，現已成了享譽國際的名導演。每次想到這兒，我心中總有滿滿的驕傲。」

奧瑪雖然贊同的點點頭，卻說：「你的成就雖然很傲人，卻不足以在影壇上萬古流芳，留下不可抹滅的印記。」希區考克瞪大眼詫異的說：「這個志願太大了吧？」

「當初我們不也覺得『享譽國際大導演』這個志願如天邊那麼遙遠，現在還不是做到了。」

「那時我們還年輕，活力充沛，創意無限，現在可是年過半百的人了，體力、創意、衝勁都不像從前了。」

「可是我們有比年輕時還好的拍片技術和豐富經驗啊！」見希區考克仍是一臉不認同，奧瑪退一步說：「好吧，就算不在影壇上萬古流芳，起碼也讓觀眾們一提到某類型的電影就想到你。」

「這倒是好辦！只是，我要在哪一種類型的電影立下典範呢？」

「對你來說，老是想些天馬行空惡作劇的事，

正經說教的勵志片是拍不出來的；瞧你半點浪漫細胞也沒有，就算『灰姑娘』這類的童話愛情故事給你拍，觀眾大概也只能在南瓜馬車裡看到屍體。」

「妳說的一點也沒錯！」

奧瑪想了一下說：「你是由《房客》這類懸疑驚悚的電影發跡的，之後幾部叫好叫座的《敲詐》、《蝴蝶夢》、《海外特派員》等，也都是這類影片，可見你比較擅長這類電影，何不往這方面精益求精？」

「好主意！那我就朝這個目標邁進，努力完成一部部驚悚電影，用各種不同的懸疑劇情、恐怖情節、拍攝技術和黑色幽默，來嚇嚇觀眾們，讓他們觀看時屏氣凝神、膽顫心驚，觀看後拍案叫絕。」

有了新的努力

目標，安逸已久的希區考克重新燃起鬥志。

影壇上的成就，讓他對自己更有自信，也更勇於嘗試各種電影語言和表現手法。他的敘事技巧和影像語言越來越大膽，同時也更加純熟洗練。因此，從 1951 年到 1963 年間，年過半百、體重超標的他，仍締造了自己事業的「黃金期」。

在這段時間裡，他幾乎年年都有新作品問世，有時甚至還一年有兩部電影上映；而在這些作品中，幾乎每部都令人尖聲驚嘆，忍不住尊稱他為「緊張大師」、「恐怖大師」、「驚悚大師」。

大烏鴉開講

*希區考克一生獲獎無數，如：1940 年，以《蝴蝶夢》獲「奧斯卡最佳影片」。1958 年，以《希區考克劇場》獲「金球獎年度最佳電視影集」。1961 年，「好萊塢外籍記者協會」推崇他是「國際影壇的懸疑大師」。1964 年，獲「銀幕製片協會」頒發的「第十二屆里程碑獎」。1968 年，獲「美國影藝學院」頒發的「塔伯格紀念獎」。1971 年，獲「法國電影圖書館」頒發的「榮譽騎士勳章」。1972 年，獲「美國金球獎」頒發的「對娛樂世界的傑出貢獻」。1979 年，獲「美國影藝學院」頒發的「終身成就獎」。1980 年，獲英國女王獎勵海外傑出人士的「大英帝國爵士」的頭銜。

佳作不斷的
事業黃金期

　　1951 年，希區考克推出《火車怪客》。除了
女兒派翠西亞首次在他的電影軋一角引起話題
外，兩位主角在失控的旋轉木馬上打鬥的高潮
戲，也成了令人難忘的經典場景。希區考克運用
他在數學、光學和工程學上的技能，先拍引爆玩
具旋轉木馬的爆破場面，再將影片投影在巨大的
銀幕上，安排演員在四周與旋轉木馬影像前就
位，於是拍出兩位主角快被快速旋轉的木馬拋
飛、旋轉木馬崩塌時的逼真效果，令觀眾們屏息
看完這部電影後，都忍不住報以如雷的掌聲。

　　《火車怪客》不但非常賣座，還獲得美國導
演工會獎，更讓希區考克成為人人讚嘆的「黑暗
懸疑驚悚片大師」。

　　1954 年的《電話情殺案》具有相當程度的影史地位，雖然仍是謀殺題材，敘事手法上卻有所不同。希區考克一反這類故事中和觀眾大玩「誰是凶手？」的模式，反而在一開場就將凶手和犯案的手法完全公開，可是情況卻一再發生計畫外的變化，形成獨特的戲劇張力。

　　同一年上映的《後窗》也十分轟動，不論是形式或內容都深具探究的價值。希區考克讓觀眾跟著劇中的男主角，一起用攝影機透過房間的後窗去窺視鄰居們的動態，進而跟著他一起依著蛛絲馬跡擒凶。希區考克不斷的切換主客觀鏡頭的調度，讓這個看似通俗簡單的小故事，卻因此有了深刻的哲學厚度。

　　電視公司見希區考克的名字已經成為電影票房的保證，便想用高薪聘請他拍電視影集，可惜希區考克對登上小螢幕的意願不高。

　　奧瑪知道後，勸他說：「你別忘了 1950 年時，因電視開始進入美國家庭，進戲院觀看電影的人

數銳減，造成各片廠大為恐慌，華納片廠甚至還停工五個月。如果你拍電視影集，除了是新的嘗試外，影集也將隨著越來越普及的電視，深入更多家庭，那麼，你就更容易建立自己的大師地位了。」

希區考克覺得很有道理，便在1955年推出每週播出半小時的《希區考克劇場》。為了讓更多觀眾認識他，他為每集影集錄製開場白和結語時，總是以平板的語氣和淡漠的態度，配合著百變花招出現。這招果然奏效，不但造成轟動，還得了「金球獎年度最佳電視影集」。

1958年希區考克推出《迷魂記》，英文片名"vertigo"即暈眩之意，除了影射男主角的暈眩症，也暗指男女主角身陷在迷霧中，對現在、過去、未來的不安與恐懼。因此，旋轉性的運鏡手法和音樂語言，大量的出現在電影中，整部電影在淒美浪漫愛情故事的表象下逐一抽絲剝繭，觀

眾不看到最後就無法明白故事的全貌，這也是希
區考克為人津津樂道的手法之一。可惜這部奇情
懸疑之作，在上映當時口碑和票房都不好，一直
到希區考克過世後才慢慢引起影迷注意。

　　喜歡邊旅遊度假邊找電影場景的希區考克，
有一天到南達科他州的拉許摩山觀光，望著當地
著名的巨石石雕「四總統頭像」時，靈機一動說：
「如果能讓人們在華盛頓、傑弗遜、老羅斯福、
林肯的臉上追逐，一定戲劇性十足又很有趣。」

　　奧瑪贊同的點頭說：「的確不錯。你想拍什麼
樣的故事？」

　　「我只想到要拍一個人攀住林肯眉毛的畫
面，其他都還沒想到。」

　　為了能拍出腦海裡的經典畫面，希區考克在
1959 年拍出一部有身分錯認、政治腐敗、情報人
員等元素的驚悚喜劇《北西北》。這部電影不論在
基調或風格上，都和希區考克之前之後的電影截
然不同，但同樣大受歡迎。情節緊湊、緊張懸疑、

詼諧逗趣的《北西北》，不但是當年出色電影之一，更成了喜劇驚悚類型的經典作品。

多部作品的成功，讓希區考克更加意氣風發，卻也陷入找不到新題材的窘境。因此，有人勸他說：「你已經六十歲了，名和利都有了，在影壇也享有崇高的地位，不如就此退休，在家頤養天年。」

「不不不，我是電影人，活到老拍到老，絕不輕言退休。」

希區考克話雖說得堅決，卻仍為找不到新題材傷腦筋，直到看了剛出版的小說《驚魂記》，他立刻開心的說：「就是它了！」

《驚魂記》是驚悚小說家羅伯‧布洛克根據當時發生在威斯康辛州駭人聽聞的凶殺案件改寫而成的，描寫戀母變裝癖的凶手，假扮成死去的母親連續殺人之事。

好不容易解決了題材問題，希區考克又面臨無資金可拍的困境。

他懊惱的對奧瑪說：「電影公司說《驚魂記》的劇情太血腥暴力，就算拍完了，也會因電影片分級檢查無法通過而不能上映，因此都不願意投資。」

「你有把握能讓拍完的《驚魂記》通過電影片分級檢查嗎？」

「絕對沒問題！」

「那我們自己出錢拍。」

「啊？」希區考克頓時傻眼。

奧瑪將房地產拿去銀行抵押，籌措八十萬英鎊給希區考克拍片。

在 1960 年，希區考克以低成本完成了經典恐怖片《驚魂記》。

《驚魂記》的英文片名叫「浴室謀殺案」，浴室殺人這一幕在片中只出現四十六秒，希區考克為了呈現驚心動魄的感覺，運用蒙太奇拍攝手法

變換了六十多個鏡位，從蓮蓬頭噴水、人影刀影、驚聲尖叫到混合著鮮血的水流，鏡頭完全沒出現刀尖刺入身體的畫面，卻營造出無比驚悚氣氛，搭配伯納德・赫曼作曲的提琴拉鋸聲響，嚇壞了整個戲院的觀眾。這一幕也成了《驚魂記》的經典，日後許多電影、廣告都爭相模仿。

《驚魂記》被視為希區考克執導影片五十年生涯裡最好的作品，連他本人也忍不住說：「相較於之前的懸疑片，這才是我的首部驚悚電影。」

大烏鴉開講

*希區考克後期最成熟的影片幾乎都使用「蒙太奇」剪輯風格，例如《北西北》、《驚魂記》、《鳥》等。蒙太奇剪輯風格就是運用一連串短時間的鏡頭（重要的東西用特寫拍，確定觀眾有看到）快速剪輯起來，製造視覺上凌亂及心理上緊張的感覺。這是把畫面的恐怖感，傳到觀眾的腦中。如《驚魂記》中有名的淋浴戲，就是用一系列的畫面，把最暴力的地方避掉，你不曾看到刀戳進女主角的體內，但最暴力的畫面，發生在觀眾腦中。

幕不落的傳奇

從「向大師致敬～希區考克驚悚影展」會場出來，鄔小雅聲音沙啞的說：「《鳥》的廣告詞說得太好了：『下一位尖叫的人可能就是你自己！』下一位尖叫的人果然是我。」

巫大涯解釋說：「《鳥》是 1963 年希區考克所拍的電影，開創了動物類驚悚電影的先河，以常見且溫和的鳥當主角，讓觀眾發現無害的生物成群發狂，也會對人類造成致命的危險。」

「真是一點也沒錯。」鄔小雅贊同的說。

巫大涯接著說：「以現在的電影特效來看，或許會覺得《鳥》的特效太簡單了，不過比起當時其他電影的特效技術來看，已經算相當先進了，尤其搭配千百隻真鳥在銀幕上演出，更可以看得

出希區考克在場面調度上的別出心裁。如果妳剛剛有細心聆聽，會發現《鳥》全片並無配樂，只以逼真的鳥群聲烘托顫慄氛圍。」

「沒錯，我剛剛就是被那些鳥叫聲弄得坐立難安。希區考克真是太厲害了，難怪他有『驚悚大師』的稱號。」

「在希區考克長達六十年的藝術生涯中，共拍攝了超過五十部電影，創下了很多影史上第一的紀錄。那時電影行業才剛起步，許多相關的技術都沒有現在好，他從無聲的默劇、黑白片，拍到有聲的、色彩繽紛的電影，他拍電影的技術、技巧與時俱進，有時甚至走在時代的尖端，看歷年來他所拍的電影，就像在看電影發展史，難怪有人說他是『電影院代名詞』。」

「原來希區考克這麼了不起，難怪你那麼推崇他。」

「由這個眾星雲集的影展，及由他的作品被翻拍的次數來看，就可以知道推崇希區考克的可不只我一人。」

鄔小雅好奇的問 ：「希區考克哪些作品曾被翻拍過？」

「《超完美謀殺案》就是翻拍《電話情殺案》，《1999 新驚魂記》就是翻拍《驚魂記》，而香港導演徐克也曾拍了一部像《鳥》一樣的《蝶變》，甚至連希區考克拍《驚魂記》的過程，好萊塢也把它當成電影素材來拍。由此可見，雖然希區考克從 1980 年去世至今已經數十年了，卻仍影響許許多多的電影人。希區考克雖然沒有受過任何正統的電影或戲劇訓練，卻仍在電影史上寫下輝煌燦爛的一頁。」

回頭再度望著門口懸掛的「向大師致敬～希區考克驚悚影展」，鄔小雅心中有全然不同的感受，不禁開口說：「希區考克雖然從他人生的舞臺謝幕了，他的傳奇卻永遠不會落幕。」

　　亞弗烈‧希區考克是聞名世界的懸疑、驚悚大師，他畢生心力都投注在他最愛的電影上。

　　希區考克從一個沒沒無聞且沒有學歷、沒有財富、沒有權勢的電影門外漢，到成就非凡、享譽國際的電影導演，他所憑藉的，除了努力不懈、認真求知的精神外，就是不為自己設限、勇往直前的人生態度。

　　希區考克認為：「是導演使得影片成功的。導演的名字應該能令觀眾聯想起高品質的製作。演員來來去去，但是導演的名字應當長留觀眾的心中。」事實證明，他做到了。

　　從希區考克長達六十年，由默片到有聲電影的電影生

涯中，可以了解 19 世紀末至
20 世紀初期的電影發展史。
因為那個時期電影行業才剛
起步，許多相關的技術都沒
有現在好，他拍電影的技巧卻
能與時俱進，有時甚至走在時代的
尖端。

　　他一生獲獎無數，除了得過「奧斯卡金像
獎」、「金球獎」、「塔伯格紀念獎」、「榮譽騎士勳
章」、「終身成就獎」、「對娛樂世界的傑出貢獻」
等等，英國女王伊莉莎白二世還頒給他「大英帝
國爵士」的頭銜，以肯定他對電影的貢獻。

　　希區考克共拍了五十多部電影，歷年來有三
部入選美國電影學會評選的「AFI 百年百大愛情
電影」、四部入選「AFI 百年百大電影」、九部入

選「AFI百年百大驚悚電影」，其中《驚魂記》還囊括「AFI百年百大驚悚電影」第一名。由此可知，好的電影經得起時間的淬鍊。

希區考克建立了一種電影表現手法的精神，他的電影中讓人驚悚的元素，被世人認為是藝術經典，並為後代許多導演所仿效。由這些璀璨的成就來看，稱亞弗烈‧希區考克是驚悚大導演、電影藝術大師，一點也不為過。

1899 年	8 月 13 日出生於英國倫敦。
1914 年	父親病逝。
1915 年	在「亨萊電報電纜公司」當計算員。
1918 年	進入「名演員—雷斯基」電影公司當字幕卡員。
1922 年	和西摩·希克斯一起執導《無祕密的丈夫》。
1923 年	擔任《女人對女人》的副導演。
1925 年	首次當導演，執導《歡樂園》，接著執導《山鷹》。
1926 年	執導《房客》受肯定後，和奧瑪結婚。
1927 年	跳槽到「大英國際影業公司」。
1928 年	女兒派翠西亞出生，並執導英國第一部有聲電影《敲詐》。
1940 年	到美國執導《蝴蝶夢》，獲得第十三屆奧斯卡最佳影片。
1951 年	「事業黃金期」開始，至 1963 年間完成的作品質與量都不錯，如《火車怪客》、《後窗》、《迷魂記》、《北西北》等。
1955 年	成為美國公民，並推出《希區考克劇場》。

1958 年　以《希區考克劇場》獲「金球獎年度最佳電視影集」。

1960 年　《驚魂記》被視為希區考克執導影片五十年生涯裡最好的作品。連希區考克本人也忍不住說：「相較於之前的懸疑片，這才是我的首部驚悚電影。」

1961 年　「好萊塢外籍記者協會」推崇他是「國際影壇的懸疑大師」。

1963 年　執導首部動物驚悚片《鳥》。

1964 年　獲「銀幕製片協會」頒發的「第十二屆里程碑獎」。

1968 年　獲「美國影藝學院」頒發的「塔伯格紀念獎」。

1971 年　獲「法國電影圖書館」頒發的「榮譽騎士勳章」。

1972 年　獲「美國金球獎」頒發的「對娛樂世界的傑出貢獻」。

1976 年　執導最後一部電影《大巧局》。

1979 年　獲「美國影藝學院」頒發的「終身成就獎」。

1980 年　獲英國女王獎勵海外傑出人士的「大英帝國爵士」。4 月 29 日與世長辭。

參考資料

- 《天才的陰暗面：緊張大師希區考克》／Donald Spoto 著；韓良憶譯

- 13 個希區考克電影技法（上）

  http://animapp.tw/blog/production/video-and-audio-editing/581-thirteen-alfred-hitchcock-film-techniques-part1.html
- 13 個希區考克電影技法（下）

  http://animapp.tw/blog/production/video-and-audio-editing/582-thirteen-alfred-hitchcock-film-techniq
- 最愛演路人甲的大導演～希區考克

  http://tivo.pixnet.net/blog/post/30592104
- 掌握人心黑暗的希區考克

  http://ctfa74.pixnet.net/blog/post/19518542

國家圖書館出版品預行編目資料

希區考克／陳佩萱著;張佳家繪.－－初版一刷.－－臺
北市: 三民, 2014
面; 公分.－－(兒童文學叢書/近代領航人物)

ISBN 978–957–14–5872–4 (平裝)

1. 希區考克(Hitchcock, Alfred, 1899–1980) 2. 傳記
3. 通俗作品

781.08   102026006

© 希區考克

著 作 人	陳佩萱
繪 者	張佳家
主 編	張燕風
企劃編輯	莊婷婷
責任編輯	鄭兆婷
美術設計	郭雅萍

發 行 人	劉振強
著作財產權人	三民書局股份有限公司
發 行 所	三民書局股份有限公司
	地址　臺北市復興北路386號
	電話　(02)25006600
	郵撥帳號　0009998–5
門 市 部	(復北店)臺北市復興北路386號
	(重南店)臺北市重慶南路一段61號

| 出版日期 | 初版一刷 2014年1月 |
| 編 號 | S 782360 |

行政院新聞局登記證局版臺業字第○二○○號

有著作權‧不准侵害

ISBN　978–957–14–5872–4　(平裝)

http://www.sanmin.com.tw　三民網路書店

※本書如有缺頁、破損或裝訂錯誤,請寄回本公司更換。

近代領航人物

生命教育首選讀物

養成良好品格，激發無限潛力，打造下一個領航人物！

你可以像自由鬥士 曼 德 拉 一樣找到自己的理想嗎？

你能像世界知名設計師 可 可 · 香 奈 兒 一樣隨時發揮創意嗎？

你想成為像搖滾巨星 約翰 · 藍儂 一樣的萬人迷嗎？

讀完他們的故事，你也做得到！

◆ 近代人物，引領未來航線

◆ 橫跨領域，視野真正全面

◆ 精采後記，聚焦全書要點

◆ 彩色印刷，吸睛兼顧護眼

全系列共二十冊
陸續出版

在經典故事中成長

——有圖、有料、有意思

唐三藏西天取經、魯智深大鬧桃花村、
諸葛亮草船借箭、牛郎織女鵲橋相見⋯⋯
過去，我們讀這些故事長大
現在，我們讓這些故事陪孩子一起長大
豐富的文化應該被傳承，傳統的經典需要有新意

小說新賞，讓經典再現——

- 導讀簡明，掌握故事緣起
- 內容生動，融合古典新意
- 插圖精美，呈現具體情境
- 經典新編，富含文學性質

全系列共三十冊　敬請期待

一生不可不讀的三十本經典

兒童文學叢書

影響世界的人

在沒有主色，沒有英雄的年代
為孩子建立正確的方向
這是最佳的選擇

一套十二本，介紹十二位「影響世界的人」，看：

釋迦牟尼、耶穌、穆罕默德如何影響世界的信仰？

孔子、亞里斯多德、許懷哲如何影響世界的思想？

牛頓、居禮夫人、愛因斯坦如何影響世界的科學發展？

貝爾便利多少人對愛的傳遞？

孟德爾引起多少人對生命的解讀？

馬可波羅激發多少人對世界的探索？

他們曾是影響世界的人，
　　而您的孩子將是──

未來影響世界的人